KB220352

오강남의
그리스도교
이야기

오강남의
그리스도교
이야기

초판 1쇄 2013년 12월 25일
초판 3쇄 2022년 9월 15일

지은이 | 오강남
펴낸이 | 조미현

펴낸곳 | (주)현암사
등록 | 1951년 12월 24일 · 제10-126호
주소 | 121-839 서울시 마포구 동교로12안길 35
전화 | 365-5051 · 팩스 | 313-2729
전자우편 | editor@hyeonamsa.com
홈페이지 | www.hyeonamsa.com

ISBN 978-89-323-1683-3 03230

이 도서의 국립중앙도서관 출판시도서목록(CIP)은 서지정보유통지원시스템 홈페이지(http://seoji.nl.go.kr)와
국가자료공동목록시스템(http://www.nl.go.kr/kolisnet)에서 이용하실 수 있습니다.
(CIP제어번호 CIP2013026655)

＊지은이와 협의하여 인지를 생략합니다.
＊책값은 뒤표지에 있습니다. 잘못된 책은 바꾸어 드립니다.

오강남의
그리스도교
이야기

현암사

그리스도교도 여러 가지다.

종교간의 대화는 나에게 변화를 가져다줄 수 있다.

당연한 것으로 여겨 오던 생각에 의문을 품을 수 있고,
이를 통해 종교에 대한 나의 이해가 더욱 넓어지고,
더욱 정제되고, 더욱 심화될 수 있다.

종교간의 진솔한 대화로 우리의 종교적 삶이 변화되고,
종교간의 화합과 평화가 이루어진다면
우리는 사회에, 나아가 세계 평화가 깃들게 하는 데
이바지할 수 있을 것이다.

이 책은 그리스도교에 대해 전체적으로 조망하거나 깊이 천착할 기회가 없었던 분들을 위해 그리스도교를 새롭게 이해할 수 있도록 도움을 드릴 수 있을까 해서 펴내는 것입니다. 이 책이 생겨난 경위는 다음과 같습니다.

필자는 몇 년 전 불교인들과 그리스도인들의 상호 이해와 협력을 증진하는 데 도움이 될까 하는 마음에서 '그리스도인들을 위한 불교 이야기'라는 제목으로 원고를 완성했습니다. 서울대학교 철학과에서 불교철학을 강의하는 조은수 교수는 그 원고를 보고 과분한 추천사와 함께 그리스도인들만을 위한 책이 아니라 불교에 관심 있는 일반인들도 꼭 읽어야 할 책이기에 제목을 고치라고 강력히 권고했습니다. 그래서 나온 책이 『불교, 이웃종교로 읽다』(현암사, 2006)입니다.

책을 내기 전 원고를 고려대학교 철학과에서 불교철학을 가르치는 조성택 교수에게도 보내 일독을 부탁하고, 그의 조언과 추천사를 청한 적이 있습니다. 조성택 교수는 여러 조언과 추천사를 보내 주면서, 이왕 그리스도인을 위한 불교 이야기를 썼으니 이제 '불교인을 위한 그리스도교 이야기' 형식의 글을 써서 《불교평론》이라는 잡지에 연재하라고 부탁해 왔습니다. 조성택 교수나 필자나 불교와 그리스도교가 도의 길을 함께 가는 길벗으로 서로 이해하고 협력하는 아름다운 관계를 유지하기를 염원하는 처지라, 그가 특별히 생각하고 부탁한 제안을 기꺼이 받아들였습니다.

필자는 연재하면서 그리스도교에 대해 잘 알지 못하거나 잘못 알고 있는 불자들을 상정하고, 그런 불자들을 위해 그리스도교의 발생과 그 역사적 전개 과정, 그리고 중요한 가르침을 차근차근 소개할 계획이었습니다. 그러나 이런 객관적인 그리스도교 교회사나 교리사를 서술하는 것만으로는 만족하지 않으려고 했습니다.

필자가 『불교, 이웃종교로 읽다』에서 불교사나 불교사상사를 객관적으로 서술하기만 한 것이 아니라 불교사 전반을 살펴 가면서 불교와 그리스도교, 나아가 다른 이웃 종교와 상통할 것 같거나 서로 보완적일 것 같은 부분에 대한 이야기를 곁들인 것처럼, 여기서도 객관적인 그리스도교사를 기술하는 데 그치지 않고, 필자 자신이 불교를 공부하면서 새로이 발견한 그리스도교의 새로운 면목, 더 '깊은 차원'도 함께 소개하려고 했습니다. 그리하여 불자들이 그리스도교를 새롭게 이해하고, 나아가 그리스도교에 대해 더욱 큰 친근감 내지 동류감 같은 것을 느낄 수 있는 방향으로 글을 전개하려 했습니다.

2년에 걸친 연재를 마치고, 현암사에서 이것을 한 권의 책으로 낼 것을 제안했습니다. 다시 원고를 읽으면서 이 글이 반드시 불교인들만을 위한 책일 필요는 없다는 생각이 들었습니다. '그리스도인들을 위한 불교 이야기'라는 원고를 보고 조은수 교수가 반드시 그리스도인만을 위한 글은 아니라고 했듯이, 또 조성택 교수가 "그리스도인을 위한 불교 이야기라고 하지만, 실은 이웃 종교인의 관점으로 불교를 새롭게, 더 깊이 이해할 수 있다는 점에서 불교인들을 위한 불교 이야기이기도 하다"라고 한 것처럼,

이 책도 불교인들뿐만 아니라 그리스도교에 관심이 있는 일반인들, 그리고 그리스도교에 속하지만 그리스도교를 전체적으로, 체계적으로나 역사적으로 알아볼 기회가 없었던 그리스도인들이 읽어도 도움이 되는 책이 될 수 있다는 생각이 들었습니다.

필자는 어려서 어머니의 손을 잡고 교회에 나가기 시작했고, 그런 인연이 계속되어 대학에 진학할 때 그 당시 한국에 유일하게 종교학과가 존재하던 서울대학교에 입학했습니다. 그러나 그때만 해도 어릴 때 받았던 보수주의적인 그리스도교의 영향 때문에 불교나 다른 이웃 종교에는 구원이 없다고 철석같이 믿고 그렇게 주장하기까지 했습니다. 물론 어머님이 다니시던 그 교회 교인만 구원을 받을 수 있다고 가르치는 극히 배타적인 생각을 그대로 수용할 수는 없었지만, 적어도 그리스도교가 아니면 희망이 없다고 하는 데 대해서는 심각하게 이의를 제기해 보지 못한 상태였습니다.

대학에 들어가면서 전공으로 종교학을 택한 것도 인간이 왜 종교를 갖게 되고, 종교가 역사적으로나 문화적으로 어떤 역할을 했는가 등의 문제를 여러 종교 현상을 섭렵하고 비교해서 알아보려는 종교학의 기본 목적보다는 필자가 신봉하던 그리스도교를 좀 더 학문적으로 깊이 이해하려는 데 주목적이 있었던 셈입니다. 내 종교만 알기도 벅찬데 남의 종교에 관심을 가질 필요가 무엇인가 하는 태도였습니다. 그때만 해도 종교학의 창시자 막스 뮐러(Max Müller)가 "한 종교만 아는 사람은 아무 종교도 모른다"고 한 말의 뜻을 깊이 실감하지 못한 상태였습니다.

한국에서 종교학과 학사 · 석사 과정을 마치고 1971년 초 박사 과정을 공부하기 위해 캐나다로 유학을 갔습니다. 그 당시 캐나다나 미국의 종교학과에서는 서양 종교와 동양 종교를 함께 가르쳤습니다. 특히 동양 종교에 대한 학생들의 관심과 열기는 대단했습니다. 필자도 한국에서 개론 정도를 배운 데 그친 동양 종교에 대한 지식으로는 비교종교학을 올바로 할 수 없겠다는 생각에서, 동양 종교를 한번 본격적으로 공부하겠다고 마음먹고 동양 종교 과목을 택했습니다.

처음 택한 것이 중국인 교수가 가르치는 『법화경』 강의와 인도인 교수가 가르치는 『중관론』, 또 다른 인도인 교수가 가르치는 힌두교 베단타 사상에 대한 강의였습니다. 이어서 도가 사상, 선사상 등도 접하면서, 지금까지 보이지 않던 종교의 세계가 눈앞에 새로이 전개되는 것을 보았고, 필자가 종래까지 가지고 있던 그리스도교 신앙 자체도 바뀌는 경험을 했습니다. 이런 경험의 일단을 동료 그리스도인들과 함께 나누고 싶은 마음에서 쓴 책이 필자가 30대 말에 쓴 『길벗들의 대화』와 50대 말에 쓴 『예수는 없다』[1]였습니다.

여기 실린 글은 결국 필자가 이런 이웃 종교들, 특히 불교를 공부하면서, 그리고 25년 가까이 캐나다 학생들에게 불교를 가르치면서 새롭게 이해한 대로의 그리스도교를 불자들이나 그리스도교를 새로이 알아보려는 독자들과 함께 나누기 위해 전개하는 그리스도교 이야기인 셈입니다. 이 책 내용 중 상당 부분은 전에 필자가 쓴 여러 책에 실린 그리스도교 이야기 가운데 직접 관계가 있다고 여겨지는 부분을 발췌해서 재정리한 것입니다. 이 책의 존재 이유라면 이런 것들을 한자리에 모아 독자들이 그리스도교를 한눈에 조망할 수 있도록 한 일이라 생각 됩니다. 물론 독자들이 "예수 천당 불신 지옥"을 외치는 길거리 전도자나 열광적인 주말 부흥사나 '열성당' 그리스도인들로부터 들을 수 있는 그런 종류의 그리스도교나 그 배경에 대한 이야기도 나오겠지만, 그보다는 그리스도교의 심층적 메시지가 무엇이고 그런 메시지가 불교나 기타 세계 종교사의 관점에서 어떻게 이해될 수 있는가를 살피는 데 초점을 맞추려고 했습니다.

이 책이 나오도록 힘써 주시고 기다려 주신 현암사 조미현 사장, 김수한 주간, 김은영 편집자, 양보은 디자이너에게 고마움을 전합니다. 부디 이 책이 그리스도교를 새롭게 이해하려는 모든 분에게 그리스도교를 한눈에 볼 수 있는 그리스도교 개론서로, 나아가 그리스도교 심층의 단면을 이해하는 데 도움이 되었으면 하는 것이 필자의 간절한 기도입니다.

2013년 12월
오강남

| 차례 |

1부 역사로 보는 그리스도교

• 이 책은 《불교평론》에 연재한 '불교인을 위한 그리스도교 이야기'를 바탕으로 하고 있습니다.
• 외래어 표기는 국립국어원 외래어표기법을 원칙으로 했습니다. 단, 표기법과 다르지만 대부분의 매체에서 통용되는 경우는 그에 따랐습니다.
• 단행본은 『 』, 논문이나 단편 등은 「 」, 신문이나 잡지는 《 》, 그림이나 영화의 제목 등은 〈 〉로 표기했습니다.

왜 그리스도교를 알아야 할까?

현재 세계에서 신도 수가 가장 많은 종교는 그리스도교다. 대략 세계 인구의 30퍼센트를 차지한다고 본다. 참고로 세계적으로 불교 인구는 약 6퍼센트로 추정한다. '한국기독교목회자협의회'가 2012년 글로벌리서치에 의뢰해서 조사한 결과에 따르면, 한국의 종교 인구 55.1퍼센트 가운데 불교인이 전체 인구의 22.1퍼센트이고, 개신교(22.5퍼센트)와 가톨릭(10.1퍼센트)이 합해서 32.6퍼센트를 차지한다.

　한국에서는 '기독교'라고 하면 개신교(프로테스탄트)를 의미하고, 이를 가톨릭과 구별하는 경향이 있지만, 이 둘은 모두 그리스도교 또는 기독교에 속한다. '기독(基督)'이라는 말은 '그리스도'를 중국말로 음역한 것이다. 한국에서는 점점 많은 사람이 기독교라는 말보다 그리스도교라는 말을 쓴다. '기독교인'이라는 말보다 '그리스도인'이라는 말이 더욱 자연스럽듯, '기독교'보다는 '그리스도교'가 더 듣기 좋아서일까? 아무튼 '그리스도교'라고 하면 개신교뿐만 아니라 가톨릭, 나아가 동방정교회까지를 모두 통틀어서 하는 말이라 보아야 한다.[1]

한국의 종교 인구 통계가 보여 주는 사실은 한국의 그리스도인 수보다 불교인의 수가 오히려 더 많다는 것이다. 물론 한국의 전통 종교는 불교와 유교, 도교, 무속 등이지만, 200여 년 전에 들어온 가톨릭 그리고 100여 년 전에 들어온 개신교로 이루어진 그리스도교가 오늘날 한국 사회의 종교 지형에서 불교와 함께 양대 산맥을 이루는 큰 줄기 중 하나라는 것은 부인할 수 없는 사실이다. 현실적으로 한국에서 그리스도교는 이제 소수인의 외래 종교가 아니라, 한국인들 속에 뿌리내린 한국인의 종교로 취급될 수밖에 없다는 이야기이기도 하다.

앞으로 이야기하면서 밝혀지겠지만, 그리스도교는 아시아의 한 부분인 현재의 팔레스타인에서 발생했기에 발생지를 두고 따지면 '동양 종교'라고 보는 것이 옳다. 그러나 그리스도교는 초기부터 주로 서양으로 전파되어 여러 세기 동안 서양의 주요 종교 또는 거의 유일한 종교로서의 역할을 충실히 했기 때문에 형식적으로 '서양 종교'로 분류되는 것이 일반적이다.

그러나 17세기 이후 유럽으로부터, 그리고 19세기 이후 미국으로부터의 활발한 선교 활동에 힘입어 그리스도교는 전 세계로 퍼져 나가 아시아, 아프리카, 남아메리카 여러 지역에 두루 전파되었다. 특히 아시아와 아프리카에 그리스도교 교세가 급속도로 팽창해, 20세기 말부터 현재 이런 지역의 그리스도교 신자 수가 유럽 그리스도교 신자 수를 능가하는 현상을 보이고 있다. 따라서 신도 수 분포 면에서 보면 현재 그리스도교는 사실 서양의 종교라기보다 차라리 비서양 문화권 또는 제3세계의 종교라 하는 것이 더 정확한 표현일 수 있다.

이제 교통 통신의 발달로 세계는 점점 좁아져 지구촌 또는 지구 공동체가 출현하고 있다. 새로운 지구촌 또는 지구 공동체로 서로 오순도순 살아야 하는 형편임에도 왜 세계에는 아직 평화가 없는가? 세계적으로 유명한 신학자 한스 큉(Hans Küng)은 "종교간의 대화가 없이는 종교간의 평화가 있을 수 없고, 종교간의 평화가 없이는 세계의 평화가 있을 수 없다"고 했다. 최근 그는 한 가지를 더 붙여, "이웃 종교에 대한 기본적인 연구가 없이는 종교간의 대화가 있을 수 없다"고 했다.

지금 세계에서 일어나는 분쟁이나 전쟁의 대부분이, 물론 여러 요인이 복합적으로 작용한 결과라 볼 수 있지만, 무엇보다 종교적인 요인이 직접적으로나 간접적으로 중요한 역할을 하고 있다고 보아 틀릴 것이 없다. 가장 단적인 예가 9·11 사태와 지금도 그치지 않는 아프가니스탄 전쟁이나 이스라엘과 아랍 국가, 인도와 스리랑카, 아일랜드와 영국 등의 분쟁이나 전쟁이라 할 수 있다.

이럴 때일수록 종교간의 대화와 상호 이해를 깊이 할 필요가 있음을 절감하는 사람들의 수가 증가한다. 실제로 서양 신학자들이나 사상가들 중 상당수는 현재 열심히 불교를 연구하고 있다. 예를 들어 과정신학(Process Theology)의 대가인 미국 신학자 존 캅(John B. Cobb, Jr.)은 서양 신학이 불교와 대화하며 근본적인 변화를 겪고 있다고 하면서, 불교와 그리스도교는 대화를 통해 '상호 변혁(mutual transformation)'을 이루어 갈 필요가 있음을 역설했다.[2]

20세기 최고의 사상가로 꼽히는 토머스 머튼(Thomas Merton)도 그리스도교가 시작할 때 동방에서 선물이 왔듯이, 20세기가 지난 지금 그리스도교가 새로운 활력을 되찾으려면 동방에서 다시 선물이 와야 한다고 했다. 그리고 그 선물은 바로 동양의 정신적 유산, 특히 선불교 정신이라고 하면서 불교와 그리스도교의 대화에 적극적이었다.

들어가면서

세계적으로 유명한 영국의 역사가 아널드 토인비(Arnold Toynbee)도 후대 역사가들이 20세기에 일어난 일 중에서 무엇을 가장 의미 있는 일로 여길까를 가상하면서, 그것은 우주선이나 컴퓨터 같은 과학 기술의 발달이나 공산주의의 흥기와 몰락 같은 정치적 사건이 아니라 그리스도교와 불교가 처음으로 의미 있게 만난 일일 거라고 할 정도로 불교와 그리스도교의 만남을 중요시했다.

그 외에 현재 불교와의 관계에서 그리스도교 신학을 대폭 수정하는 신학자도 많고, 서양 철학자 중에서도 쇼펜하우어, 니체, 바그너, 하이데거 등은 말할 것도 없고, 근래 데리다, 푸코 등도 불교에 접한 사상가들이다.[3]

그런데 놀랍게도 현재 불교와 그리스도교의 대화와 협력을 강조하고 이에 적극적인 사람들은 어느 면에서 아시아 불교권의 학자들보다 서양 신학자들 사이에서 더욱 많이 발견된다.[4]

사실 현재 그리스도교를 알고 있는 불자나 불교학자들보다는 불교를 알고 있는 그리스도인이나 학자들이 상대적으로 훨씬 많다. 서양에서 활발히 전개되고 있는 그리스도교와 불교의 대화에도 그리스도교 쪽의 참석자가 압도적으로 많은 실정이다.

한국의 경우는 어떠한가? 그리스도교와 불교가 한국 사회에서 차지하는 위치를 생각할 때, 이 두 종교가 서로 대화하고 이해하는 관계를 유지하는 것은 한국 사회의 평화와 안정을 위해 불가결한 요소라 할 수 있다. 그러나 유감스럽게도 현재 한국에서는 불교와 그리스도교가 상호 이해와 협력 관계를 이룩하기 위해 최선을 다하고 있다고 단언할 수가 없는 형편이다.

최근 일부 학자들 사이에서 이런 노력이 산발적으로나마 보이는 것도 사실이지만, 일반적으로 두 종교는 대화나 협력 관계보다는 혼자만의 독백으로 치닫는다고 보는 것이 더 정확한 관찰일 수 있다. 심지어 서로 무관심한 독백적 태도보다 더욱 바람직하지 못한 것은 서로 상대방을 비방하거나 공격하는 자세로 일관하는 경우다. 특히 일부 그리스도교 신자들이 불교를 오해하고, 마치 불교는 구시대의 유물 또는 이 땅에서 없어져야 할 미신이라 믿으며, 이 근거 없는 믿음에 따라 불교를 박멸하겠다고 팔을 걷어붙이는 사례까지 발생한다는 것은 어느 면에서 불길한 전조 같아 극히 염려스러울 정도이기도 하다.

"종교간의 평화 없이는 사회에 평화가 있을 수 없다"는 말은 이제 한국 사회에 가장 절실하게 적용될 수 있는 말로 들린다. 한국에서 그리스도교와 불교의 상호 이해와 협력은 한국 사회의 계속적인 안정과 번영을 위해 추구해야 할 필요조건이라 하지 않을 수 없다.

이처럼 불교와 그리스도교의 대화와 상호 이해가 절실히 요구되는 마당에, 이런 일이 가능하기 위해서는 우선 상대방 종교에 대해 어느 정도 바로 알고 있어야 한다.[5] 물론 대화를 진행해 가면서 점진적으로 상대방을 더욱 깊이 이해하고 더욱 효과적으로 협력해 갈 수도 있겠지만, 처음부터 서로 상대방을 전혀 모르고는 그야말로 이야기가 되지 않을 수밖에 없다. 적어도 상대방 종교의 역사와 기본 가르침을 아는 것이 필수적이다. 물론 불교인들을 포함해 한국의 여타 종교인들이 그리스도인들과 대화하고 협력 관계를 형성하기 위해 최소한 해야 할 일은 그리스도교의 역사와 그리스도교에서 가르치는 것이 무엇인가를 대강이라도 직접 살펴보는 것이다.

종교간 대화의 문제

종교간의 대화와 소통이 중요하다는 것을 강조하기 위해 필자는 『불교, 이 웃종교로 읽다』에서 '밥 먹기'라는 예를 들어 설명했다. 그 예를 여기 그대로 옮긴다.

철수네는 밥 먹기에서 가장 중요한 일이 영양분을 골고루 섭취하는 것이라고 생각했다. 이 음식에는 단백질이 얼마나 들어 있고, 저 음식에는 비타민이나 철분이 얼마나 들어 있는가를 계산하면서 건강하기 위해 밥을 먹었다. 철수네는 '밥 먹기＝영양 섭취'라는 공식을 당연하게 여기며 살았다.

어느 날 철수는 친구 영이의 초대를 받았다. 영이네 집에서 저녁을 먹는데, 그 집의 밥 먹기에서 가장 중요한 것은 영양 섭취가 아니라 화기애애한 가족간의 대화였다. 아버지와 어머니는 그날 직장에서 겪은 일을, 아이들은 그날 학교에서 일어난 일을 이야기하면서, 서로 깊은 사랑과 관심을 표현했다. 말하자면 영이네는 '밥 먹기＝사귐'이었다. 이 일은 철수에게 신선한 충격이었다.

내친김에 철수는 영수네 집에도 가 보았다. 영수네 밥상에서는 자세를 바로 해라, 입에 밥을 넣고 이야기하지 마라, 언제나 남을 배려하며 밥을 먹어라 등 식사 예절뿐만 아니라 살아가면서 남을 어떻게 배려하고 대해야 하는가를 배우는 것이 중요했다. 영수네는 '밥 먹기＝예의범절'인 셈이다. 이 일도 철수에게는 새로운 발견이었다.

한참 뒤 철수는 순이 집에도 갔다. 순이네는 특별했다. 밥을 먹을 때, 무엇보다도 이 밥이 상에 오르도록 도움을 준 하늘과 사람, 그리고 세상 모든 것을 생각하고 고마움을 느끼며 먹는 것이 중요하다고 가르쳤다. 밥

한 톨 한 톨에 우주가 들었음을 기억하고, 심지어 밥이 하늘이고 밥을 먹는 우리도 하늘이라서 우리가 밥을 먹는 것은 하늘이 하늘을 먹고사는 이치임을 깨달아야 한다고 했다. 순이네의 '밥 먹기 = 고마워하기'였다.

철수가 여러 집을 방문한 것은 그 집에 양자로 들어가기 위해서도 아니고, 그 집의 아이를 양자로 데려오기 위해서도 아니다. 누구의 밥 먹기가 더 훌륭한가를 가늠하며 우열을 따지려는 것도 물론 아니다. 서로의 공통점과 차이점을 찾고 분석하려는 것도 주목적은 아니다. 이왕 한평생 밥을 먹고살아야 하는 삶에서 남의 밥 먹는 법에서 무언가를 배워 나의 밥 먹기 경험을 더욱 풍요롭게 하려는 것이다. 철수도 자신이 갖고 있는 영양에 관한 지식을 그들에게 나누어 주어 그들의 밥 먹기가 더욱 풍요롭도록 도와줄 수도 있다.

한 가지 더욱 놀라운 일은 철수가 영이와 영수, 순이네 집에 다녀온 다음 혹시나 하고 자기 집안의 '밥 먹기' 내력을 살펴보았더니, 오래전에 자기 집안도 밥 먹는 것을 사귐이나 예의범절, 고마워함과 관계시켜 생각한 적이 있었다. 그런데 근래에 들어 주로 영양을 위한 것이라고 믿고 주장하게 되었다는 사실을 발견한 것이다. 철수는 다른 아이들의 집에서 배운 것으로 자신의 밥 먹기를 풍요롭게 했을 뿐 아니라, 자기 집에서 잃어버리거나 등한시했던 집안의 전통을 다시 찾아볼 수도 있었다. 생각지 못한 수확이었다.

이웃 종교들에 대한 태도

이 이야기를 좀 더 전문적인 용어를 써서 이야기해 보자. 그리스도교 신학자들은 현재 이웃 종교와의 관계를 어떻게 정립해야 할까를 놓고 몇 가지 뚜렷이 대조되는 태도들을 보이고 있다. 이런 상이한 태도를 분류할 때 가장 많이 사용하는 일반적인 분류법은 배타주의, 포용주의, 다원주의로 나누는 것이다. 배타주의는 나의 종교가 아니면 안 된다는 입장이고, 포용주의는 너의 종교도 어느 정도 좋지만 결국은 내 종교에서만 참된 구원을 얻을 수 있다는 태도이며, 다원주의는 서로 다름이나 상통하는 점을 인정하고 서로 대화해서 서로 배우고 서로 변해 가자는 자세라 할 수 있다.[6]

이웃 종교에 대한 태도를 나누는 또 다른 분류법은 대체 모델(Replacement model), 완성 모델(Fulfillment model), 관계 모델(Mutuality model), 수용 모델(Acceptance model)로 정리하는 것이다.[7] 대체 모델이란 너의 종교로는 안 되니까 그것 대신 내 종교로 대체하겠다는 태도다. 여기에는 완전 대체를 주장하는 사람들과 부분 대체를 주장하는 사람들의 두 종류가 있다. 완성 모델이란 너의 종교도 일정 부분 좋은 점이 있지만, 그것으로는 아직 모자라니 나의 종교로 그 모자람을 채워 완성시켜야 한다는 생각이다. 관계 모델은 각 종교에서 서로의 공통점을 찾아내고, 이를 중심으로 서로 대화하자는 것이다. 수용 모델은 각 종교가 가지고 있는 서로의 차이를 그대로 인정할 뿐 아니라, 이를 아름답게 생각하고 그 아름다운 차이를 중심으로 서로 대화하고 서로 배우자는 주장이다.

앞에서 말한 철수가 영이나 영수나 순이의 집을 방문하면서 갖게 되는 태도는 위의 분류법을 따른다면 다원주의의 태도, 그리고 관계 모델 내지 수용 모델에 해당되는 것이라 볼 수 있다. 이 이야기에서 철수는 그리스도인 가정의 아이라 해도 좋고 불교인 가정의 아이라 해도 좋을 것이다. 불교인도 철수처럼 다른 종교를 알아봄으로써 내 종교를 더욱 풍요롭게 할 수 있고, 또 내 종교 속에 다른 종교의 특성들과 상통하는 여러 요소가 있음을 새롭게 발견할 수도 있을 것이다.

이웃십을 방문한 철수가 이웃집의 밥 먹는 경험을 통해 자기 자신의 밥 먹기 경험을 풍요롭게 했다는 다원주의적 또는 수용론적 태도를 놓고 좀 다른 각도에서 이야기할 수도 있다. 개방적인 태도로 임하는 종교간의 대화를 좀 더 구체적으로 따져 보면, 그것은 대략 다음과 같은 특성을 가지고 있다고 볼 수 있다.

첫째, 종교간의 대화는 나에게 변화를 가져다줄 수 있다는 것이다. 종교간의 대화는 그저 좋은 것이 좋다는 식의 안일한 대화가 아니라, 내가 지금껏 가지고 있는 고정 관념이나 신앙체계가 도전받을 수 있다는 각오를 가지고 심각하고 진지하게 임해야 하는 것이다. 이런 대화를 통해 지금까지 당연한 것으로 품어 오던 생각에 의문을 가질 수 있고, 이를 통해 나의 종교적 생각이 더욱 다양해지고 더욱 정제되고 더욱 심화될 수 있다는 것이다. 다시 말해, 이런 종교간의 대화를 통해 '상호 변혁'이 일어날 수 있음을 각오해야 한다는 뜻이다. 우리 집 밥 먹기 교리는 절대적이므로 어느 경우에도 변할 수 없다는 식으로 이미 형성된 고정 관념을 공고히 하고, 무슨 일이 있어도 그런 것을 바꿀 수 없다는 전제를 가지고 대화에 임하면 처음부터 대화가 성립될 수 없다.

둘째, 철수가 여러 집 밥 먹기를 관찰함으로써 자기의 밥 먹는 경험을 풍요롭게 하고, 궁극적으로 건강하고 행복한 삶을 사는 방향으로 나가듯,

종교간의 참된 대화는 나의 종교적 삶이 궁극적으로 변화를 입어 참된 종교적 청복(淸福)을 누리는 방향으로 나가는 것일 수 있다는 뜻이기도 하다.

셋째, 종교간 대화를 통해 종교간의 화합과 평화를 이루고, 이를 통해 사회 전체, 세계 전체에 평화가 이르도록 하는 일에 이바지한다.

그리스도교도 여러 가지

먼저 우리가 그리스도교를 공부하기 전에 알아야 할 사실은 그리스도교가 획일적이거나 균질적인 단일 종교가 아니라는 것이다. 자명한 사실이지만, 그리스도인이라고 모두 한 가지 생각, 한 가지 태도를 가지고 있는 것은 아니라는 뜻이다. 그리스도인이 되는 데 오로지 한 가지 길만 있는 것이 아니다.

물론 모두 잘 알고 있는 것과 마찬가지로 그리스도교도 어떻게 분류하느냐에 따라 수백 개 내지 수천 개의 교파가 있다. 11세기에 동방정교와 로마 가톨릭이 갈라지고, 16세기 초에 로마 가톨릭에서 개신교가 갈라져 나왔다. 개신교에도 루터교, 장로교, 성공회 등이 있고, 이후 이런 개신교 교단을 배경으로 감리교, 침례교, 성결교 등이 등장했다.

한국의 경우 해방 전까지 하나이던 장로교가 해방 후 새로운 신학 사조에 따라 개방적인 기독교 장로교(기장)와 상대적으로 보수적인 예수교 장로교(예장)로 갈라지고, 다시 예장이 온건보수파적인 통합측과 극보수파적인 합동측으로 갈라졌으며, 합동측이 다시 수없이 갈라져 예장 계통의 교파만 현재 수백 개에 이른다.

이런 외형적인 교파별 분류에 따라 각기 나름대로 특유의 교리나 관행 등이 따른다고 볼 수 있다. 그러나 우리가 특히 주목해야 할 것은 이런 교파별 분류보다도 그리스도교를 크게 나누어 이른바 진보적 성향의 그리스도교와 보수적 성향의 그리스도교로 분류하는 것이다.

보수적 성향의 그리스도교 중에서도 더욱 보수적인 그리스도교를 '근본주의(Fundamentalist)' 그리스도교 또는 이름은 다르나 이와 대동소이한 '복음주의(Evangelical)' 그리스도교라고 하는데, 이들의 가장 두드러진 특징은 '성경무오설'로 성경이 하느님의 유일한 계시이고 거기 쓰인 모든 것이 문자적으로 사실이라 믿는 '문자주의'와 예수 그리스도를 통하지 않고는 구원이 없으므로 예수 그리스도를 모르는 모든 종교는 결국 인간들이 저지르는 안타까운 헛수고에 불과하다고 주장하는 '배타주의' 내지 '대체주의'를 주장하는 것이다.[8]

이런 근본주의(根本主義) 그리스도인들은 현재 유럽에는 거의 없는 형편이고, 서양에서 가장 보수적인 그리스도교 국가라 할 수 있는 미국도 인구의 25퍼센트 내지 30퍼센트 정도라고 본다.[9] 그런데 한국의 경우, 현재 한국 프로테스탄트(개신교) 그리스도인 중 적게 잡아도 90퍼센트 이상이 이런 근본주의 혹은 복음주의 그리스도인이라 보는 것이 일반적인 견해다.

따라서 한국 그리스도교를 보고 세계 여러 곳에 있는 그리스도교도 같은 교리, 같은 생각, 같은 태도 등을 가지고 있으리라 단정하는 데는 무리가 따른다는 사실을 감안해야 한다. 말하자면 한국 그리스도교는 이른바 주류(Mainline) 그리스도교와 달리 일종의 '별종 그리스도교'라 보아야 한다. 특히 한국 그리스도인들 가운데 불교를 박멸하자고 나서는 사람들이 많은 이유도 바로 근본주의 그리스도교가 지배적인 한국의 특수 사정을 배경으로 하는 것이다.

앞으로 소개할 그리스도교는 이런 근본주의가 어디서 왔는가 등 근본주의와 보수주의 교리나 신학도 소개하지만, 진보적 신학에서 새로이 가르치는 것이 무엇이고 이런 가르침이 불교 등 이웃 종교의 가르침과 어떤 관계를 가질 수 있을까 하는 데 더욱 큰 관심을 가지고 살펴볼 것이다.

이 이야기를 통해서 바라는 것

말할 나위도 없는 일이지만, 이 책에서 불교나 그리스도교 또는 어느 특정 종교를 선전하거나 폄하하려는 목적은 전혀 없다. 독자에게 불교인이나 그리스도인이나 어느 특정 종교인이 되기를 권유하려는 것도 절대 아니다. 여러 종교 중 어느 것이 진리고 어느 것이 거짓이라든가, 어느 것이 더 낫고 못하다든가 하는 진위나 우열을 따지는 것은 더더구나 있을 수 없는 일이다. 불교와 그리스도교 또는 다른 종교들이 각각 어떤 점에서 같다, 비슷하다 혹은 다르다만을 따지는 것도 부질없는 일이다.

불교와 그리스도교를 비롯해 다른 이웃 종교들을 함께 이야기할 때 주로 다음과 같은 입장이 있을 수 있다.

① 각 종교는 서로 완전히 다르다고 보는 입장(discontinuity), ② 각 종교는 본질적으로 같다는 입장(essential identity), ③ 각 종교는 대조적이지만 상호 보완적이라는 입장(contrast but complementarity), ④ 각 종교는 심층에서 서로 통한다고 보는 입장(mutual understanding) 등이다. 이 책에서는 주로 세 번째와 네 번째 입장에 서서 그리스도교의 역사와 가르침을 살필 것이다.

다른 책에서도 언급한 것처럼,[10] 어느 면에서 종교간의 대화는 서로 상대에게 '거울을 들어 주는 것'과 같다. 예를 들어 불교인과 그리스도인이 대화를 할 경우, 그리스도인은 불교라는 거울에 비친 자신의 모습을 보고, 불교인 역시 그리스도교에 비친 자신의 모습 일부를 볼 수 있다. 바라는 것은 지금부터 전개되는 '그리스도교 이야기'에서 불자들이나 기타 종교인들이, 또는 무종교인들까지도, 그리스도교에 대한 이해를 증진시킴과 동시에 저마다 자기의 종교적 정체성을 발견하는 계기가 되었으면 하는 것이다.

그리스도교가 들어 준 거울을 보면서 불교인이나 기타 종교인이 가장 먼저 할 일은, 그리스도교를 통해 내가 모르던 나의 모습을 재발견하고 재확인하는 것이다. 그리스도교가 우리를 위해 '상기시키는 무엇(reminder)' 또는 '촉발시키는 무엇(trigger)'의 역할을 하게 하는 것이다. 그리하여 불자로서 불교의 가르침을 따르면서 당연시 여기던 것, 이제껏 등한시한 것을 새로이 인식하거나 상기하고, 그 중요성을 되새겨 보는 것이다.

불교인이 그리스도인과 대화할 경우, 불교인은 그리스도교 거울에 비친 불교의 진정한 아름다움과 풍요로움을 새롭게 깨닫는 일이다. 필자가 즐겨 쓰는 좀 거창한 용어로 말하면, 내 속에 있는 무언가를 촉발시키는 '환기식 독법(evocative reading)'으로 그리스도교를 읽어 보자는 것이다.

지금부터 호혜와 상호 변혁을 위한다는 마음가짐을 가지고, 그리스도교가 어떻게 시작되었는가, 예수의 가르침의 핵심은 무엇인가, 그것이 어떻게 발전했는가 하는 문제를 차근차근 짚어 보기로 한다.

1부

역사로 보는
그리스도교

1장

그리스도교의 발생

—

• 예수부활대축일을 맞아 제266대 교황 프란치스코 1세가 성목요일에 로마 근처 소년
  원에서 한 청소년의 발을 씻기고 있다. 남성과 사제에게만 해주던 발씻김 예식에 여
  성과 무슬림이 포함된 것은 가톨릭 역사상 처음이다.

✝

그리스도교 발생의 역사적 배경

그리스도교는 1세기 로마 제국의 지배를 받던 지금의 팔레스타인 지역 유대에서 일종의 '예수 운동'으로 생겨난 종교라 할 수 있다. 따라서 그리스도교의 발생을 이야기하려면 그 당시 로마 제국의 정치·문화적 사정과 유대교에 대해 어느 정도 알아야 한다.

로마 제국은 유대뿐만 아니라 지금의 유럽과 중동 대부분, 심지어 북아프리카까지를 지배하던 거대한 정치권력이었다. 로마 제국 치하에 있던 이 시기는 비록 유대인의 반란처럼 여기저기에서 소수 민족의 반란과 폭동이 일어나기는 했지만, 이를 무자비한 철권으로 억누른 결과 적어도 외형적으로나마 통일천하 내지는 태평성대를 구가하던 이른바 '팍스 로마나(pax romana, 로마의 평화)'의 시기였다.

한편 로마 제국 이전에 알렉산더 대왕은 광대한 땅을 정복하고 정복지에 그리스의 말과 철학 사상을 전파해 일종의 거대한 단일 문화권을 형성해 놓았다. 알렉산더 대왕이 정복한 땅을 상당 부분 이어받은 로마 제국은 새로 등장한 단일 정치권력이었을 뿐 아니라 어느 정도 단일 문화권을 형성한 세력이기도 했다. 이런 정치 및 문화적 배경은 그리스도교의 발생과 초기 역사에 여러 중요한 의미를 지닌 것이었다.

무엇보다 각 민족은 자기 고유 언어를 사용했지만, 그 외에도 그 당시 일상적으로 통용되던 코이네 그리스어(Koine Greek)라는 일종의 국제어를 통해 서로 다른 민족과도 비교적 자유로운 의사소통을 할 수 있었다. 로마 제국의 통일 권력 아래서 민족간의 교류가 자유스러워지자 서로 다른 종교에 접할 수 있는 기회가 많아졌고, 그에 따라 종교간에 영향을 주고받는 경우 또한 더욱 많아졌다.

그 당시 로마 제국의 지배하에 있던 나라들 사이에서는 이집트의 오시리스(Osiris), 그리스의 디오니소스(Dionysus), 페르시아의 미트라(Mithras) 같은 신들을 숭배하는 이른바 '밀의종교(密儀宗敎, mystery religions)'가 크게 유행했다. 이 종교들은 죽음과 부활에 대한 믿음을 강조하고, 영생을 위한 수단이라 생각하며 일정 형태의 침례식이나 성찬식 같은 밀의 의식(儀式)을 행했다. 이런 종교들은 인종이나 계급, 성별에 구애되지 않고 모든 사람을 새로운 신자로 받아들이는 평등주의 성향을 띠고 있었다. 물론 그리스도교도 이런 밀의종교의 영향을 크게 받으며 생성·발전 했다.

한편 유대인들 사이에서는 그들이 오랫동안 기다리던 메시아가 출현해서 로마 제국을 뒤집어엎고 새로운 세상을 열 것이라는 이른바 '메시아 대망'의 믿음이 팽배해 있었다. 유대인들 중에서도 이런 믿음을 가장 열렬하게 실천에 옮긴 이들이 바로 사해(死海) 서북쪽에 있던 쿰란(Qumran) 공동체의 에세네(Essene)파 사람들이었다. 이들은 독신 생활, 금욕주의, 채식, 고립주의 등을 실천하며 메시아의 임박한 도래를 기다리고 있었다. 이들이 보관했던 문서들이 1947년에 사해 서북부에서 발견되었는데, 이것이 그 유명한 '사해두루마리(Dead Sea Scrolls)'라는 것이다.

　이런 배경과 환경에서 예수가 등장했고, 일단의 무리가 그를 '메시아' 또는 '그리스도'라 받아들였다.[1] 이 무리들이 나중에 그리스도인이 되었고, 이들의 종교가 바로 그리스도교였다.

복음서를 기초로 예수 알아보기

최근까지도 예수의 삶과 가르침을 알기 위해서는 지금 그리스도교에서 공식적으로 채택한 4복음서(福音書)[2]의 기록에 의존할 수밖에 없었다. 그러나 이제 많은 학자들이 문헌학, 고고학, 인류학, 역사학, 해석학 등의 도움을 받아 '예수의 역사적인 모습이 어떠했을까'를 연구함으로써, 복음서 기록에만 의존해서 생각하던 종래의 예수 상과는 사뭇 다른 예수 상을 제시하고 있다. 그러나 여기서는 새롭게 등장한 예수에 관한 이론들을 소개하는 일은 다음 기회로 미루고, 먼저 우리에게 주어진 복음서를 기초로 예수의 삶과 가르침을 살펴보도록 한다.

　이런 작업에 들어가기 전에 처음부터 명심해야 할 사항은 지금 성경에 포함된 4복음서가 결코 예수의 삶이나 가르침을 객관적으로 기록한 전기(傳記)나 역사 보고서가 아니라는 점이다. 복음서는 예수에 대한 자기들의 믿음을 증언하는 일종의 '신앙 고백서' 내지 자기들의 믿음을 다른 이들에게 전하려는 '신앙 해설서'의 성격을 지닌 것으로, 어디까지나 예수에 대한 '믿음'을 일깨우기 위한 '믿음의 책, 믿음에 의한 책, 믿음을 위한 책'이다.

　따라서 복음서에 나타난 예수 상은 사진기자가 찍은 사진이 아니라 그를 따르는 사람들이 유화를 그리듯 계속 덧칠해서 이루어진 일종의 초상화인 셈이다. 복음서는 이렇게 역사적인 자료로는 불충분하지만 적어도 초기 그리스도교 신도들이 예수를 어떻게 믿고 고백했는가 하는 것의 일단을 보여 주는 자료로 받아들이고, 이것을 기초로 그의 삶의 큰 줄거리를 짚어 보는 수밖에 없다.

창시자 예수[3]

'창시자 예수'라고 했지만, 정확하게 따지면 예수는 그리스도교를 창시하지 않았다. 엄격히 말해 그는 그리스도인도 아니었다. 그는 '그리스도교'니 '그리스도인'이니 하는 말도 모른 채 어디까지나 유대인으로 태어나서 유대인으로 살다가 유대인으로 죽은 셈이다.[4] 학자들 중에는 그리스도교를 유대교의 한 분파로 남아 있게 하지 않고 세계적인 보편 종교로 등장시킨 것이 바울의 공헌에 힘입은 바 크기에 바울을 그리스도교의 창시자로 인정해야 한다고 주장하는 이들도 있다. 그러나 그리스도교가 예수의 삶과 가르침과 죽음과 부활에 기초한 종교라 할 수 있고, 그가 아니면 바울이나 그리스도교가 있을 수 없었다는 뜻에서 예수를 창시자로 보는 것이다.

| 출생과 성장

예수의 출생 연대를 정확하게 알 수는 없다. 『마태복음』에 의하면 '헤롯 왕 때에' 태어난 것으로 되어 있는데, 그렇다면 헤롯이 죽은 기원전 4년 이전이어야 한다. 그러나 『누가복음』 앞부분(2:1-4)에 보면 '구레뇨가 수리아(지금의 시리아) 총독이 되었을 때' 호구 조사를 하라는 명을 받고 요셉과 마리아가 베들레헴으로 갔다가 거기서 아기를 낳았다고 쓰여 있으며, 역사적으로 구레뇨가 총독으로 있은 때는 기원후 6년에서 9년이다. 이렇게 엇갈리는 가운데 일반적으로 『마태복음』의 기록에 따라 예수의 출생 연대를 기원전 4년경으로 보고 있다.

4복음서 중에 『마태복음』과 『누가복음』에만 예수의 출생에 대한 이야기가 나온다. 두 복음서에서 공통적인 점은 그의 어머니 마리아가 약혼만 한 처녀 상태에서 성령으로 임신을 했다는 것과, 그가 예루살렘에서 멀지 않은 베들레헴이라는 곳에서 태어났다는 것이다. 마리아가 예수를 낳을 당시 그는 10대 초반이라고 보는 것이 일반적인 견해다. 마리아의 약혼자는 목수 요셉이었다.

『마태복음』에 의하면, 아기가 태어났을 때 '동방 박사'들이 동방에서 별을 보고 찾아와 아기에게 경배하고 '황금과 유향과 몰약(沒藥)'을 선물로 바쳤다고 한다. 여기서 동방 박사들이란 조로아스터교의 제사장들이었을 것이라고 본다.[5] 천사가 요셉의 꿈에 나타나 그 당시 유대의 왕이었던 헤롯이 아기를 죽이려 하니 아기와 어머니를 데리고 이집트로 피신하라고 일러 주었다는 것이다. 이집트로 간 세 식구는 헤롯이 죽기까지 거기서 살다가, 헤롯이 죽은 뒤에 갈릴리 중남부 나사렛이라는 작은 동네로 가서 살았다.

『누가복음』에 나오는 이야기는 조금 다르다. 아기가 태어나던 날 밤, 들에서 양을 치던 목자들이 천사들의 기별을 받고 아기를 찾아와 구유에 누인 아기에게 경배했다고 한다.[6] 태어난 아기는 규례대로 예루살렘에 올라가 성전에서 봉헌식을 치렀다. 예루살렘에 시므온이라는 경건한 사람이 있었는데, 성령의 감동으로 성전에 들어가 아기가 오는 것을 보고 받아 안으며 다음과 같은 말을 했다.

> "주님, 이제 주님께서는 주님의 말씀에 따라, 이 종을 세상에서 평안히 떠나가게 해 주십니다. 내 눈이 주님의 구원을 보았습니다. 주님께서 이 것을 모든 백성 앞에 마련하셨으니, 이는 이방 사람들에게는 계시하시는 빛이요, 주님의 백성 이스라엘에게는 영광입니다."(『누가복음』 2:29-32)

부처가 태어났을 때 히말리아 산 밑자락에 살던 아시타 선인이 아기에게 와서, 아기가 집에 머물면 위대한 제왕이 되고 집에서 나서면 위대한 스승이 되리라고 하면서 이 아기가 자라서 가르침을 줄 때 자기는 그 가르침을 받을 수 없는 것이 한이라고 하며 울었다는 이야기를 연상하게 한다.

예수가 갈릴리에서 자라나 갈릴리 사람이라는 것은 4복음서 모두가 공통적으로 이야기하고 있다. 갈릴리는 정통 유대인들로부터 차별 대우를 받는 곳이었다. 예수의 성장기에 대한 이야기는 『누가복음』에 잠깐 언급된 것 외에 없다. 『누가복음』에 보면, 그는 열두 살 때 부모와 함께 예루살렘 성전으로 유월절을 지키러 갔다가 부모가 집으로 돌아가는 것도 모르고 성전에 남아서 종교 지도자들과 『토라』에 대해 토의를 했는데, "모두 그의 슬기와 대답에 경탄했다"(2:47)는 것이다. 길을 한참 가다가 아들이 없는 것을 발견하고 그를 찾으러 되돌아온 어머니 마리아를 보고 예수는 "어찌하여 나를 찾으셨습니까? 내가 내 아버지의 집에 있어야 할 줄을 알지 못하셨습니까?"라고 했다.(2:49) 예수는 "지혜와 키가 자라고, 하나님과

사람에게 더욱 사랑을 받았다"고 한다.(『누가복음』 2:52)

| 침례와 시험

예수가 열두 살일 때부터 서른 살까지 그에 대한 언급은 성경에 전혀 없다. 예수는 그동안 무엇을 했을까 하는 데 대해 여러 설이 있다. 심지어 그가 알렉산드리아에서 공부하고 인도로 가서 도를 닦았다는 주장도 있고, 그동안 열성당으로 지하 게릴라 훈련을 받았을 것이라는 설까지 있다. 아무튼 그는 세계 종교사에서 그렇게도 중요한 그 '서른 살'이 되어 등장하고, 그때 요단강에서 사람들에게 침례를 주던 침례 요한에게 가서 침례를 받았다. 그 당시는 물을 뿌리거나 바르는 '세례'가 아니라 전신이 물에 잠기는 '침례'를 행했다. 예수도 물에 잠겼다 올라오는데, 하늘이 갈라지고 성령이 비둘기처럼 내려오는 것을 보았고, 또 하늘에서 "이는 내 사랑하는 아들이요 내 기뻐하는 자라"라는 소리를 들었다. 영적인 눈과 귀가 열린 체험이라 할 수 있다. 하늘이 갈라졌다는 표현은 모세가 홍해를, 여호수아가 요단강을 가른 것과 비교되는 사건으로, 예수도 이들에 대응되는 큰 인물임을 암시하는 말이라 볼 수 있다.

예수는 침례를 받은 뒤 곧 성령의 인도를 받아 광야로 나가 40일간 금식과 기도로 시간을 보냈다.[7] 그리고 40일이 지난 후에 사탄의 시험을 받았다고 한다. 『마태복음』과 『누가복음』에서는 그 시험이 세 가지였다고 하는데, 둘째와 셋째 시험의 순서가 각각 다르다. 『마태복음』의 순서대로 하면 첫째 시험은 사탄이 와서 예수에게 하느님의 아들이거든 돌들을 떡덩이로 만들라는 것이었다. 예수는 "사람이 빵으로만 살 것이 아니라, 하나님의 입에서 나오는 모든 말씀으로 살 것이다"(『마태복음』 4:4)라는 성경

39

1장 그리스도교의 발생

의 말씀으로 이 유혹을 물리쳤다. 둘째는 예수를 성전 꼭대기에 세우고 하느님의 아들이거든 아래로 뛰어내리라는 것이었다. 예수는 "주 너의 하나님을 시험하지 말라"는 말씀으로 이 시험도 이겼다. 셋째는 사탄이 예수를 산꼭대기로 데리고 가서 천하만국과 그 영광을 보여 주고, 자기에게 엎드려 경배하면 이 모든 것을 주겠다는 것이었다. "주 너의 하나님께 경배하고, 다만 그를 섬기라"는 말씀으로 사탄을 물리쳤다.

이 시험을 요즘 말로 고치면, 순서에 따라 경제적·종교적·정치적 유혹이라 할 수 있다. 예수는 유대인들의 성경에 나오는 말을 인용하면서 이런 유혹을 모두 물리쳤다. 참된 종교의 목적은 돌을 떡으로 만드는 것처럼 경제적인 이득을 추구하는 것도, 성전 꼭대기에서 뛰어내려도 다치지 않는 것 같은 초능력을 발휘하는 것도, 막강한 영광과 권위로 세상을 휘어잡고 세상에 군림하는 것도 아니라는 뜻이다.

예수의 삶에서 침례와 시험이라고 하는 이 두 사건에 대한 이야기는 그에게 궁극 실재와의 새로운 관계에서 가능한 '의식의 변화(transformation of consciousness)'를 가져다준 체험이 있었다는 것을 시사한다. 이런 '특수 인식 능력의 활성화'를 통해 지금까지의 일상적인 세계관이나 가치관이 완전히 '비보통적인' 것으로 바뀌는 체험이다. 이제 떡으로만 살 것이 아니요 '말씀(로고스)', 곧 우주와 삶의 참다운 '뜻'으로 산다는 것이다. 경제적인 조건도 중요하지만, 그것은 '필요조건'일 뿐 '충분조건'이 되지 못한다는 것이다.

이런 의미에서 예수도 '깨치신 분', 곧 '성불하신 분'이라 볼 수 있다. 예수뿐 아니라 종교사를 통해서 볼 때 붓다를 비롯해 무함마드나 최제우 등의 경우와 마찬가지로, 위대한 종교 지도자들은 이런 특수 체험을 통해 새로운 의식과 확신으로 거듭난 '얼나'의 사람이 되고,[8] 이런 일이 가능한 후에 그 체험을 행동으로 옮겨 사람들을 가르치기 시작했음을 발견할 수 있다.

갈릴리에서의 활동과 가르침

예수는 침례와 시험을 받은 후 갈릴리로 돌아가 외치기 시작했다. 『마태복음』에 의하면 가장 처음 외친 복음은 "회개하라 천국이 가까웠느니라"(4:17)라는 것이었다. 이것은 예수의 최초 기별이자 중간 기별이며, 또한 끝의 기별이었다. 그야말로 초지일관(初志一貫)된 기별이었다. 대부분의 학자들은 이 기별이 예수가 가르친 복음의 핵심이었다는 데 동의한다. 그러나 이 기별의 참된 뜻이 뭔가 하는 데 대한 해석은 학자들마다 다르다. 19세기 말부터 20세기 초반까지 많은 학자들은 예수가 가르친 이 기별의 뜻을 캐는 데 그들의 관심을 총집중했다고 해도 과언이 아니다. 이른바 '예수의 종말관(Jesus' eschatology)'이 무엇이었는가 하는 문제였다.

이런 학자들의 해석을 요약하면 다음과 같다.

| 슈바이처의 '철저한 종말관'

알버트 슈바이처(Albert Schweitzer, 1875~1965)에 의하면, 예수는 그의 당대에 세상이 끝날 것으로 믿고 거기에 따라 말하고 행동하고 가르쳤다는 것이다. 그의 제자들에게 복음을 전파하러 보내면서 '이스라엘 동리를 다 돌기 전에' 세상이 끝나리라고 했다. 예를 들어 오른뺨을 때리거든 왼뺨도

돌려대라, 겉옷을 달라고 하면 속옷까지 주라는 등의 가르침은 세상의 종말이 임박했으니 그런 일로 따지고 다툴 일이 없다고 생각했기 때문에 가능한 이야기라는 것이다. 따라서 예수의 윤리는 세상 끝이 오기 전에 일시적으로 잠깐 적용되리라고 생각된 '중간윤리(interim ethics)'였다는 이론이다.

| 다드의 '실현된 종말관'

영국 신약학자 다드(C. H. Dodd, 1884~1973)는 예수가 미래에 올 별도의 종말을 기다리지 않고, 그가 실행하는 활동이 바로 천국을 건설하기 위한 것이므로 신천국은 이미 실현된 것으로 보았다는 뜻이다. "하나님의 나라가 이미 너희에게 임했느니라"(『마태복음』 12:28, 『누가복음』 11:20)라고 한 말이나 그 비슷한 발언들이 이를 뒷받침한다는 것이다. "천국이 가까웠느니라" 하는 선언은 "천국이 이르렀느니라"라고 번역되어야 한다고 주장했다.

| 쿨만의 '구속사적 종말관'

스위스 신학자 오스카 쿨만(Oscar Cullmann, 1902~1999)은 예수는 그의 활동으로 천국이 '이미(already)' 시작되었지만 '아직(not yet)' 완성되지는 않았으므로, 그는 스스로 이 '이미'와 '아직' 사이에 있는 것으로 생각했을 것이라 풀이했다.

| 불트만의 '실존적 종말관'

독일 신학자 루돌프 불트만(Rudolf Bultmann, 1884~1976)은 예수가 임박한 종말을 가르친 것은 일상적인 시간이나 장소를 말하는 것이 아니라 우리의 실존적 '결단'을 촉구하는 시각이 임했음을 상징적으로 말한 것이라 해석

했다.

| 보그의 '비종말관'

마커스 보그(Marcus J. Borg)를 비롯해 최근의 예수 세미나 학자들 중에는 예수가 종말론적 생각을 가지고 있지 않았다고 주장하는 이들이 있다. 천국이 예수가 가르친 복음의 핵심인 것은 사실이지만, 종말을 기다린 그의 제자들과는 달리 예수 스스로는 임박한 종말을 기대하지는 않았다는 견해다.

| 필자의 '환기적 종말관'

필자는 예수가 "회개하라 천국이 가까웠느니라"라고 했을 때 그 말에서 '회개'가 핵심이라고 본다. 이것은 '회개'를 뜻하는 그리스어 '메타노이아'가 의미하듯 우리 내면의 '완전한 의식 개혁'을 촉구하는 것으로, 예수는 이런 의식 개혁을 촉발하기 위한 수단으로 사람들에게 천국의 임박한 도래를 환기시켰다고 보는 것이다. "천국이 가까웠으니 의식 개변의 체험을 하라"는 것이 그의 가르침이었을 것이라는 주장이다. 이것은 예수가 스스로 체험한 의식의 변화를 다른 사람에게서도 보기를 원했다는 뜻이기도 하다.

| 필자가 최근에 언급하는 '심층적 종말관'

예수가 말한 '천국' 또는 '하느님의 나라'란 결국 하느님의 다스리심, 그의 통치 원리, 그의 임재 등을 가리키는 말이라 보고,[9] 이 천국이 가까웠다고 하는 것은 하느님이 우리가 생각하듯 그렇게 멀리 있지 않고 우리 속에 있다는 것을 일깨우는 말이라고 보는 입장 등이다. '가까웠다'라는 말의 영어 번역 'at hand'가 암시하는 것처럼, '가까움'을 시간의 문제라기보다 공간이나 거리상의 문제라 본다면 우리의 손 닿는 데, 다시 말해 우리의 가슴에 있다고 볼 수 있지 않은가 한다는 뜻이다.[10]

예수의 전복적 가르침

아무튼 예수는 '천국 복음'을 가르치며 3년 정도를 보냈다.[11] 그는 자신의 말을 받아들이는 열두 제자를 모았다. 그중에는 특히 어부가 많았다. 열둘이란 이스라엘 열두 지파를 상징하는 숫자라 할 수 있다. 베드로와 그의 형제 안드레, 요한과 그의 형제 야고보 등 열두 남성 제자 외에 그 유명한 막달라 마리아 등 그를 따르는 여자들도 많았다.

그는 자신을 따르는 사람들에게 천국을 건설하기 위해 세상적인 것들에 집착하지 말라고 가르쳤다. 부자가 천국에 들어가는 것은 낙타가 바늘구멍으로 들어가는 것과 같다 하고,[12] 모든 것을 하느님께 맡기면 하느님이 돌보시리라고 했다. '무엇을 먹을까, 무엇을 입을까' 염려할 필요가 없다는 것이다. 공중을 나는 새나 들의 백합화처럼 특별히 스스로를 위해 애쓰지 않아도 하늘 아버지께서 다 먹이시고 입히시는데, 이보다 훨씬 귀한 너희 인간들일까 보냐 하는 생각이었다.(『마태복음』 6:25-34) 하느님의 사랑에 대한 철두철미한 신뢰, 그에게 모든 것을 턱 맡길 때 오는 느긋함 아닌가.[13] 노자(老子)를 연상하게 하는 말씀이다.

복음서에 따르면, 예수가 가르칠 때 많은 '기적'을 행했다고 한다. 물을 포도주로 만든다든가, 나병환자나 눈먼 자, 혈우병 앓는 여인 등 병든 사람들을 고친다든가, 귀신을 쫓아낸다든가, 죽은 사람을 살린다든가, 물 위를 걸어 다닌다든가, 광풍을 잔잔하게 한다든가, 떡 다섯 덩이와 생선 두 마리로 5000명[14]을 먹인다든가, 열매 맺지 않은 무화과나무를 저주해서 말라 죽게 한다든가 하는 것들이다. 복음서에서는 이런 것들이 새로 임할 '왕국의 징조(표적과 기사, signs)', 하느님의 다스림이 가능해지는 새로운 시대의 도래를 말해 주는 전조라 했다. 다시 말해 이런 기적들 자체가 중요한 것이 아니라, 이런 기적들이 가리키는 더 깊은 뜻이 중요하다는 이야기다.

예수의 가르침은 그 당시로서는 가히 '파격적' 또는 '전복적(subversive)'이었다. 그는 유대교를 형식적이고 위선적인 종교로 변질시킨 종교 지도자들을 '회칠한 무덤'이라든가 '독사의 자식' 등의 말로 신랄하게 비판했다.(『마태복음』 15:1-20, 23:27-33 등) 나아가 그 당시 사람들이 모두 히브리 성서 『레위기』(19:2)의 명령에 따라 하느님이 거룩한 것처럼 모두 거룩해야 한다는 '정결 제도(purity system)'를 가장 중요한 가르침으로 삼고 거기 매여 있을 때, 예수는 "너희의 아버지께서 자비로우신 것같이, 너희도 자비로운 사람이 되어라"(『누가복음』 6:36)라고 하는 '자비'의 가르침을 그의 중심 가르침으로 삼았다.

그는 병든 사람, 죽은 사람, 피 흘리는 사람, 불의한 사람, 천한 사람 등은 불결한 사람, 부정 타는 사람으로 취급되어 기피 대상이었던 그 당시의 정결 제도에 구애받지 않고, 나병 환자나 죽은 사람, 혈우병 앓던 여인 등 누구라도 그의 도움을 필요로 하는 사람들과 함께하는 일을 마다하지 않았다. 사회적 위치, 인종, 종교에 따라 누가 의롭냐 거룩하냐 깨끗하냐 바르냐 하는 것이 사람을 대할 때 따져 보는 표준이었던 세상에서, 그는 이런 차별과 장벽을 허물고 오로지 누가 고통을 당하느냐 하는 것 하나를 표준으로 삼고 고통당하는 사람과 스스로 고통을 함께하는 '자비'를 실천하고 가르쳤다. '자비'에 해당하는 영어 'compassion'이 어원적으로 '아픔을 함께한다'는 의미라면, 예수는 실로 이런 '자비'의 스승이었다. 그의 '밥상 교제(table fellowship)'에는 창녀나 세리 등 그 당시 부정 탄다고 천시하고 기피하던 사람들을 포함해 모든 계층의 사람이 다 참여할 수 있었다.

예수에게는 제도나 규례 자체가 중요한 것이 아니라, 무엇보다 사람이 우선이었다. 제도나 규례가 사람을 위한 것이 아니라면 그 자체로는 의미가 없는 것이라고 보았다. "안식일이 사람을 위하여 생긴 것이지, 사람이 안식일을 위하여 생긴 것이 아니다"(『마가복음』 2:27)라고 한 그의 말에 이런 태도가 단적으로 나타나 있다.

그는 최후의 심판에서도 이처럼 정결하냐 부정하냐, 제도나 규례를 성실히 따랐느냐 그러지 못했느냐 따위 외부적인 표준과 상관없이 '사람들이 주릴 때 먹을 것을 주고, 목마를 때 마실 것을 주고, 나그네 되었을 때 영접하고, 벗었을 때 옷을 입히고, 병들었을 때 돌아보고, 옥에 갇혔을 때 와서 보는' 등 얼마나 사람들에게 자비를 베풀고 잘 섬겼느냐 하는 것이 판단의 기준이 된다고 했다(『마태복음』 25:35-36). 스스로에 대해서도 자기는 섬김을 받으러 온 것이 아니라 섬기러 왔다고 했다. 이렇게 자기를 낮추고 남을 섬기는 자세를 그는 제자들의 발을 씻어 주는 것으로 실증했다.

이런 사랑과 자비와 동정의 가르침은 물론 보통 사람에게는 현실적으로 실천 불가능한 일이다. 예수도 "사람으로는 할 수 없으되 하나님으로는 …… 다 하실 수 있느니라"(『마가복음』 10:27)라고 했다. 하느님의 사람, '신 의식(God-consciousness)'으로 변화된 사람, 하느님과 특별한 관계를 가진 사람만이 할 수 있다는 이야기다. 그의 가르침을 실천하는 것이 결국 윤리적인 단계를 넘어서는 종교적 차원임을 말하는 셈이다. 특히 주목할 만한 사항은 예수가 하느님을 '아바'라고 불렀다는 것이다. '아바'는 '아버지'보다 더욱 친근한 말로, 그가 하느님과의 관계를 어떻게 파악했는가를 가장 잘 보여 주는 사례라 할 수 있다.[15]

　　예수는 가르치면서 '비유(譬喩, parables)'를 많이 사용했다. 비유는 가르침의 핵심을 짧은 이야기로 표현하는 방법으로서, 사람들이 그것을 오래 기억하게 할 수 있을 뿐 아니라 그 핵심을 스스로 더욱 깊이 생각하고 자신의 해답을 찾도록 도와주는 특징을 가지고 있다.[16] 그가 말한 비유 가운데 많이 알려진 것으로는 탕자의 비유, 선한 사마리아인의 비유, 씨 뿌리는 자의 비유 등이 있다. 탕자의 비유는 어느 부자 아버지에게 두 아들이 있었는데, 작은 아들이 아버지로부터 받을 유산을 미리 달라고 해서 먼 나라로 가 허랑방탕(虛浪放蕩)하며 돈을 다 쓰고는 돼지 밥으로 배를 채우다 일어나 아버지 집으로 돌아가니, 아버지가 뛰어나와 옷을 입히고 자기 반지를 빼서 그에게 끼워 주는 등 '무조건적인 사랑'으로 그를 받아 주었다는 이야기다. 해석에 따라서는 아이가 크면 더 이상 부모가 마음대로 할 수 없다는 것, 제2의 탯줄을 끊어야 한다는 것을 말해 주는 예라 볼 수도 있다.

메시아 고백과 고난의 길

시간이 가면서 예수의 가르침에 반대하는 움직임이 일기 시작했다. 그래서 예수는 가끔씩 사람들을 피해 산이나 들로 나갈 수밖에 없었다. 한번은 제자들과 함께 갈릴리 북쪽에 있는 가이사랴 빌립보라는 곳으로 갔다. 거기서 제자들에게 사람들이 자기를 누구라 하느냐고 물었다. 제자들은 침례요한, 엘리야, 예레미야 또는 선지자 중 하나라고 하더라고 대답했다. 그러자 예수는 제자들에게 "너희는 나를 누구라 하느냐"(『마태복음』16:15)고 다시 물었다.

성질이 급한 베드로가 제일 먼저 "주는 그리스도(메시아)시요 살아 계신 하나님의 아들이시니이다"라고 대답했다. 예수는 제자들에게 이 말을 "아무에게도 이르지 말라"고 경계했다. 예수가 자신이 메시아임을 스스로 인지했을까 하는 문제는 신학자들 사이에 논쟁점이 되고 있다.

그러나 예수는 자기가 예루살렘에 올라가 "장로들과 대제사장들과 서기관들에게 많은 고난을 받고 죽임을 당하고 제3일에 살아나야 할 것"을 말했다. 그러자 베드로가 예수에게 권세와 영광으로 나타날 메시아가 어떻게 고난을 받을 수 있겠냐며 "결코 그럴 수 없다"고 했다. 예수는 베드로를 향해 최대의 욕을 했다. "사단아 내 뒤로 물러가라!" 그 이유는 베드로가 '하느님의 일' 대신에 '사람의 일'을 생각하고 있기 때문이라고 했다. 하느님의 일이란 자기를 잊어버림이요, '사람의 일'이란 자기중심적으로 생각함을 의미하는 것 아닐까? 예수가 스스로 고난을 받을 것이라고 한 것은 자기를 완전히 잊고 오로지 거룩한 목적, 대의(大義)를 위해 자기를 바칠 각오가 되어 있다는 뜻일 것이다.

바로 이 말에 이어서 예수는 그의 가르침에서 가장 중요한 것 중의 하나라 할 수 있는 다음과 같은 발언을 했다.

"누구든지 나를 따라오려거든, 자기를 부인하고, 제 십자가를 지고, 나

를 따라오너라. 누구든지 자기 목숨을 구하고자 하는 사람은 잃을 것이

요, 나 때문에 자기 목숨을 잃는 사람은 찾을 것이다."

(『마태복음』 16:24-25)

예수를 따른다는 것은 자기를 부인하는 것(self-denial)이요, 이를 다른 말로 하면 십자가를 지는 것, 자기의 썩어질 자아를 십자가에 못 박는 것이라는 뜻이다. 작은 자아(self)를 구하면 큰 자아(Self)는 잃어버리고, 작은 자아를 버리면 큰 자아를 찾을 것이라는 종교적 역설을 강조하고 있다. 이렇게 큰 자아를 위해 작은 자아를 버리는 것이 독일의 신학자 본회퍼(Dietrich Bonhoeffer)가 말하는 '제자 됨의 값(the cost of discipleship)'이라 할 수 있다.

이런 고백이 있은 뒤 예수는 베드로와 야고보와 요한을 데리고 높은 산에 올라갔다. 예수는 제자들 앞에서 변형이 되어, 그 얼굴이 해같이 빛나고 옷이 빛과 같이 하얘졌다. 다시 하늘에서, "이는 내 사랑하는 아들이요 내 기뻐하는 자니 너희는 저의 말을 들으라"(『마태복음』 17:5)라는 소리가 났다. 이 일 때문에 이 산을 나중에 '변화 산'이라고 부른다. 영적으로 어느 단계에 도달한 사람은 모세나 붓다의 경우에서 본 것처럼, 이렇게 얼굴에서 빛이 나는 것으로 묘사되는 것이 일반적이다. 부처의 상에 빛이 퍼지는 모양이나 불꽃이 그려진 것도 이런 사실과 관련된 것이 아닐까.

예루살렘으로의 여행과 죽음

이런 일이 있은 다음, 예수는 제자들과 여자들을 데리고 예루살렘으로 길을 떠났다. 예수는 고난을 받기 위해 가는 길이지만, 가는 길에 제자들은 '누가 크냐'를 가지고 논쟁을 했다. 예수가 왕으로 등극하는 날 누가 재무장관이 되고 누가 외무장관이 되는가를 가지고 격론을 벌인 셈이다. 노자나 공자가 다른 이들이 자기들의 심원한 뜻을 이해하지 못했을 때 느꼈던 그 실존적 고독을 예수도 똑같이 느꼈을 것이다.[17]

그때는 유월절 절기였는데, 예루살렘은 디아스포라(diaspora)[18] 유대인들이 각지에서 몰려와 분주했다. 모두 '이 절기에 메시아가 나타나지 않을까' 하는 기대감으로 부풀어 있었다. 그중에는 예수를 메시아로 영접하는 사람도 많았다. 그들은 나귀를 타고 들어가는 예수를 향해 종려나무 가지를 흔들며, "호산나 찬송하리로다. 주의 이름으로 오시는 이여!"(『마가복음』 11:10) 하고 환호했다. 이른바 예루살렘 입성이었다.

예수는 예루살렘 성전에 들어갔다가 성전 안에서 장사하는 자들을 쫓아내고, 환전상의 상과 비둘기 파는 자들의 의자를 둘러엎었다.(11:15) 이것은 성전으로 들어가는 주요 수입원을 차단하는 일로서, 제사장 제도에 대한 심각한 도전이었다. 저녁에는 거기서 가까운 베다니라는 마을의 마르다와 마리아와 나사로 삼남매의 집에서 유했다.

목요일 저녁, 제자들과 어느 집 다락방에서 이른바 '최후의 만찬'을 가졌다. 손수 제자들의 발을 씻어 주고, 떡과 포도주를 나누어 주며 그의 살과 피니 받으라고 하면서, 이것으로 그를 기억하라고 했다. 이것이 그리스도인들이 '성만찬' 또는 '성찬'을 하는 이유라 믿고 있다. 가톨릭교회에서는 성찬식 때 먹는 떡과 포도주가 '본질에서(in substance)' 정말로 예수의 살과 피로 변한다는 화체설(化體說)을 믿고, 프로테스탄트는 주로 떡과 포도주를 예수의 희생과 현존을 상기시키는 상징으로 받아들인다.

만찬이 끝나고 모두 감람산 겟세마네 동산으로 갔다. 예수는 제자들에게 깨어 기도하라고 이르고, 거기서 '돌 던질 만큼'의 거리에 가서 홀로 기도했다. 이때의 기도가 그 유명한, "내 아버지여, 만일 할 만하시거든 이 잔을 내게서 지나가게 하옵소서. 그러나 나의 원대로 마옵시고 아버지의 원대로 하옵소서"(『마태복음』 26:39) 하는 기도였다.[19] 제자들은 그 시간을 견디지 못해서 잠을 잤다. 얼마 후 예수를 배반한 가룟 유다의 안내를 받은 '큰 무리가 검과 몽치'를 가지고 나타나서 예수를 잡아갔다.

유대 대제사장 가야바로부터 "그대가 하나님의 아들 그리스도요?"라는 심문을 받고, "당신이 그렇게 말하였소. 그러나 내가 당신들에게 다시 말하오. 이제로부터 당신들은, 인자가 권능의 보좌 오른쪽에 앉아 있는 것과, 하늘 구름을 타고 오는 것을, 보게 될 것이오."(『마태복음』 26:63-64) 가야바는 이런 발언을 신성 모독이라 규정하고 예수를 죽이기로 마음먹은 뒤, 그를 로마 총독 빌라도에게 넘겨주었다. 빌라도는 여기서 역사적으로 가장 유명한 질문을 했다. "진리가 무엇이냐?" 예수가 이 질문에 대답을 했다는 기록은 없다.[20]

복음서의 주장에 따르면, 빌라도는 명절 때마다 죄수 한 명을 사면하는 관례에 따라 예수를 풀어 주려고 했지만 유대인들이 반대하며 오히려 민란을 꾸미다가 잡혀 온 바라바를 그 대신 방면하라고 요청했다고 한다. 결국 예수는 유대인들이 원하는 대로 사형 선고를 받고, 다음 날인 금요일 아침 골고다 언덕으로 끌려가 십자가 형틀에 달려 죽음을 당했다.

십자가 위에서 한 '일곱 가지 말' 중에서 가장 많이 알려진 것은 "엘리 엘리 라마 사박다니(나의 하느님, 나의 하느님, 어찌하여 나를 버리셨나이까)"라는 것이다.(『마태복음』27:46, 『마가복음』15:34) 이는 『시편』(22:1)에 나오는 말로, 하느님에 대한 절대적인 신뢰를 나타내는 것이었다. 복음서에 의하면 예수가 십자가에 달릴 때 '해가 빛을 잃고 온 땅에 어두움'이 내리고, '성소의 휘장 한가운데가 찢어지는' 일이 있었다. 그리스도인들은 이 십자가 죽음을 인간에 대한 하느님의 사랑이 가장 극명하게 드러난 사건이라 여기고 있다. 성소의 휘장이 찢어졌다는 것은 더 이상 양을 잡아 제사 지내는 일이 필요 없다는 것을 보여 주는 상징이라 믿는다.

한 가지 기억할 일은 복음서가 쓰일 때 벌써 그리스도인들 사이에는 유대인에 대한 적대감이 널리 퍼져 있었다. 예수가 십자가에 달려 죽임을 당했다는 것은 결국 정치범이었다는 뜻이다. 그 당시 로마인들은 정치범의 경우에 한해서 십자가형을 내렸기 때문이다. 로마인들은 유대인들 사이에 저항이 잦아 한시도 그들에 대해 고삐를 늦추지 않았고, 특히 갈릴리는 무력 봉기로 로마를 물리치려는 열심당들(Zealots)의 본거지로서 민란이 잦은 곳이라 경계의 대상이었다.[21]

이런 형편에서 로마 통치자들은 갈릴리 사람 예수가 나귀를 타고 입성을 하는 등 백성들을 선동해서 소요를 일으킬 가능성이 있다고 판단하고 그를 처형했다고 보는 것이 자연스런 이야기의 흐름이다. 그러나 학자들의 견해에 따르면, 복음서 기자들이 복음서를 쓸 당시의 반유대인 정서 때문에, 예수를 죽인 것은 로마인들이 아니라 전적으로 로마인들에게 예수를 죽이라고 요구한 유대인들의 소행인 것처럼 기술했다는 것이다. 복음서의 이런 기술 방식은 지난 2000년 동안 그리스도인들이 유대인을 미워

하고 박해하도록 한 성서의 근거가 되었다.[22]

부활과 승천

복음서에 의하면, 금요일 해 지기 전에 부자 아리마대 요셉이 빌라도의 허락을 받고 예수의 시체를 내려 세마포로 싼 다음 일단 자기를 위해 준비했던 무덤으로 옮겼다.[23] 일요일 아침 예수를 따르던 여자들이 예수를 정식으로 장사하기 위해 예수의 몸에 기름을 바르려고 무덤에 가 보니, 무덤을 막고 있던 큰 돌이 옆으로 비켜 있고 무덤은 비어 있었다. 예수가 '부활'한 것이다.

4복음서가 부활 사건에 대해 각각 다른 이야기를 하기 때문에 정확한 정황을 파악하기는 힘들다. 그러나 분명한 사실은 예수가 죽음을 이기고 부활했다는 '확신'이 절망에 빠져 있던 제자들과 그를 따르던 사람들에게 용기와 활력을 불러일으키는 결정적인 요소가 되었다는 것이다.

이렇게 부활한 예수가 어떻게 되었는지 복음서에는 분명한 언급이 없고, 『사도행전』에 보면 부활한 후 40일 만에 제자들이 보는 앞에서 하늘로 들려 올라가 구름에 싸여 보이지 않게 되었다고 쓰여 있다. 제자들이 하늘을 쳐다보고 있는데, 갑자기 흰옷을 입은 사람 둘이 그들 곁에 서서 "갈릴리 사람들아, 어찌하여 하늘을 쳐다보면서 서 있느냐? 너희를 떠나서 하늘로 올라가신 이 예수는, 하늘로 올라가시는 것을 너희가 본 그대로 오실 것이다"라고 했다. 이것이 많은 그리스도인들이 아직도 예수의 다시 오심, 곧 재림을 기다리는 이유다.

이상이 '복음서 기록에 기초한' 예수의 삶과 가르침의 대략이라 할 수 있다. 다시 한 번 기억할 것은 복음서는 예수에 대한 역사적 기록이 아니라 예수를 믿던 사람들의 신앙 고백서 같은 성격을 가지고 있다는 사실이다. 복음서는 역사적 예수를 알려 주려는 것이 아니라 신앙의 '그리스도'를 전하려는 것이 그 일차적인 목적이었다. 한 번 더 강조하고 싶은 것은 지금 성경에 포함된 4복음서에서 볼 수 있는 예수 상과는 사뭇 다른 예수에 대한 이해가 그리스도교 초기에도 있었고, 역사를 통해 언제나 있었으며, 지금도 있다는 사실이다.

그리스도교의 형성과 발전

—

• 개신교의 성만찬은 초대 교회의 전통에 따라 성직자와 성도가 함께 포도주와 빵을 나눈다. 그리스도가 제자들과 성찬을 나눈 그 순간에 참여함으로써, 그의 고난과 죽음을 기념하고 또 감사하며 온전하게 거듭나는 과정으로 여긴다.

지금까지 예수의 삶과 가르침을 그리스도교 신약 성경에 나오는 4복음서를 중심으로 살펴보고, 그 복음서들에 나오는 이야기들을 좀 다르게 보고 해석하는 몇 가지 다른 시각을 소개했다. 지금부터는 예수의 삶과 가르침으로 촉발된 일종의 그리스도교 운동이 어떻게 시작되고, 어떻게 하나의 독립된 종교로 발전했는가, 그런 과정에 등장한 바울은 어떤 역할을 했으며, 그의 가르침은 그리스도교의 성격을 형성하는 데 어떤 영향을 미쳤는가 등의 문제를 살펴보기로 한다.

예루살렘 교회

예수의 죽음 이후 제자들과 그들의 행적이 어떠했는가는 신약 성경 4복음서 뒤에 나오는 『사도행전』이라는 책에 기록되어 있다. 예수가 죽은 것은 유월절 때인데, 이 책에 의하면 유대인들이 유월절 이후 50일 만에 지키는 '오순절(伍旬節, Pentecost)'에 예수의 제자들도 예루살렘으로 와서 어느 가정집에 함께 모였다.

그때 '홀연히 하늘로부터 급하고 강한 바람 같은 소리'가 나고 '불의 혀같이 갈라지는 것'이 제자들 위에 임하면서 모두 '성령의 충만함'을 받았다. 그러면서 전에 배운 일이 없는 여러 나라의 말을 하기 시작했다. 오순절이라 각국에 퍼져 있던 디아스포라 유대인들도 예루살렘에 대거 모였을 때인데, 그들이 이 이상스러운 경험에 대한 소식을 듣고 제자들에게 몰려왔다. 이들은 제자들이 하는 말을 모두 자기들이 사는 지역의 말로 알아들을 수 있었다. 이른바 '방언(speaking in tongues)' 현상이 생긴 것이다. 어떤 사람들은 제자들이 '새 술에 취했다'고 생각했다.

이때 베드로가 일어나, 대낮인데 무슨 술이냐, 술 취한 것이 아니라 선지자 요엘이 말세에 많은 사람들이 성령을 받겠다고 예언한 대로(『요엘서』 2:28 이하) 자신들이 성령을 받은 것이라고 주장하면서, 예수의 죽음과 부활을 소개한 다음 예수가 바로 모든 유대인의 '주와 그리스도'(『사도행전』 2:36)이심을 설파했다. 이 일로 하루에 3000명이 침례를 받고 제자에 합류했다. 이들은 사유 재산을 처분하고, '각 사람의 능력에 따라'서가 아니라 '각 사람의 필요에 따라' 나누어 썼다. 유무상통(有無相通)하는 원시 신앙 공동체가 성립된 셈이다.

제자들이 '나사렛 예수 그리스도의 이름으로' 앉은뱅이를 고치는 등 '기사와 표적'을 많이 행하면서 그 공동체 구성원의 수는 더욱 커져 갔다. 이렇게 해서 생긴 것이 바로 '예루살렘 교회'였다. 이때의 지도자로 단연 두각을 드러낸 사람이 시몬 베드로와 예수의 형제 야고보였다. 전설에 의하면 야고보는 예수 생전에는 예수와 상관없이 살다가, 예수가 부활한 후에 그를 믿게 된 사람이다.

이 예루살렘 교회는 자기들이 여전히 유대교의 한 분파라 여길 뿐, 자기들이 유대교를 떠나 새로운 종교를 시작한다는 자각이나 의지 같은 것이 없었다. 그들은 모두 태생적으로 유대인이었고, 유대인들의 성경을 그대로 자기들의 성경으로 삼았으며, 예루살렘 성전에서 계속 예배를 드리고, 유대인들의 율법과 규례를 잘 지켰다. 다른 유대인들과 다른 점이 있었다면, 그들은 예수를 성경에 예언되고 유대인들이 바라던 그 '그리스도(메시아)'라 믿었다는 사실이다. 그러나 바로 이 믿음이 아직도 메시아의 도래를 대망(待望)하던 정동 유대인들에게는 도저히 용납될 수 없었던 것이다.

바울

예수를 그리스도로 받아들이는 사람들이 많아지면서 유대인들의 반대와 박해도 더욱 커져 갔다. 스데반 같은 이는 거리로 나와 전도하다가 돌에 맞아 죽음으로써 그리스도교의 첫 순교자가 되었다. 사도 외에 많은 사람이 박해를 피해 예루살렘으로부터 유대와 사마리아 각처로, 나아가 로마 제국 전역으로 퍼졌다. 이때 그리스도인 박해에 앞장선 사람 가운데 지금의 터키 동남부에 해당하는 다소(Tarsus) 출신의 유대인 사울(Saul)이라는 사람이 있었다.[1]

그는 다소에서 지낼 때 그 당시 그리스, 로마, 이집트 등에 널리 퍼져 있던 밀의종교(mystery religions)와 접하고, '죽고 부활하는 신과 합일함으로써 영생을 얻을 수 있다'는 밀의종교의 가르침에 익숙해 있었을 가능성이 많다. 그는 예루살렘으로 가서 그 당시의 유명한 유대인 랍비 가말리엘 문하에서 교육을 받았으므로, 유대 전통에도 정통한 바리새파 지식인이 되었다. 사람들이 그리스도인 첫 순교자 스데반을 돌로 칠 때 그들의 옷을 맡는 일을 비롯해, 예루살렘 예수쟁이 박멸 운동에 진력하다가 거기에도 만족하지 못하고 멀리 다메섹(Damascus)에 있는 예수쟁이들까지 진멸하겠다고 정열을 불태웠다.

다메섹으로 가는 길에 갑자기 하늘에서 큰 빛이 쏟아져 내려 그를 비추자, 그는 땅바닥에 엎어졌다. "사울아, 사울아 네가 어찌하여 나를 핍박하느냐"(『사도행전』 9:4, 22:7, 26:14) 하는 소리가 들렸다. 사울이 누구냐고 묻자, "나는 네가 핍박하는 예수다"라는 대답이 왔다.

사울은 땅에서 일어나 눈을 떴으나 아무것도 볼 수 없었다. 그는 부활한 예수가 자기에게 나타난 것이라 확신했다. 다메섹으로 인도되어 가서 3일간 앞을 보지 못하고 음식도 먹지 못했다. 그 뒤 거기서 아나니아라는 그리스도인으로부터 안수를 받아 눈도 고치고 세례도 받았다. 이 엄청난 경험으로 그리스도인을 박해하던 옛사람은 죽고, 그리스도인들을 대변하는 새 사람이 탄생한 셈이었다. 기원후 36년, 그가 31세 정도 되었을 때라고 추정한다. 그는 당장 유대인의 회당을 찾아다니며 '예수가 하나님의 아들이심'과 '그리스도'이심을 전했다. 이런 충격적인 사건을 거친 사울은 생각을 정리하고 더욱 내실을 갖추기 위해 아라비아 사막으로 가서 얼마를 지냈다. 그 후 그는 실로 위대한 그리스도교 전도자로 등장했다.

사울은 처음에는 디아스포라 이방에 흩어져 있던 유대인들의 회당을 찾아가서 유대인들을 상대로 전도를 하다가, 나중에는 스스로 '이방인을 위한 사도'라 자처하고 이방인들, 곧 비유대인들에게도 그리스도교를 전파하기 시작했다. 이름도 '사울'에서 바울(Paul)로 바꾸었다.[2] 그는 이방인들이 그리스도인이 되기 위해서 할례를 받는 등 우선 유대인의 규범을 준수해 유대인이 되고 나서 그리스도인이 되어야 한다는 이중 절차를 생략하고, 직접 그리스도인이 될 수 있도록 하는 데 앞장섰다. 이제 이방인들이 그리스도인이 됨으로써 그리스도교는 더 이상 유대인들로만 구성된 유대교의 분파로 여길 수가 없어졌다.

　바울과 그의 일행은 유대인들과 이방인들에게 복음을 전하기 위해 그 당시로서는 '세상 끝'이었던 지중해 연안 전역을 세 번이나 전도 여행으로 다녔다. 『사도행전』의 거의 반 정도가 그에 대한 이야기와 그의 전도 여행에 대한 기록이다. 그는 가는 곳마다 교회를 세우고, 그 뒤 교회마다에 일일이 문안과 교훈의 편지를 보냈다. 이 편지들이 나중에 신약 성경의 일부가 되었는데, 이것들은 신약 성경에 들어 있는 문헌 가운데 가장 먼저 쓰인 것이다. 전통적인 계산으로 하면 신약 전체 27권 중 14권으로, 권수로만 따지면 신약 성경의 반이 넘는다. 배가 난파되는 일, 감옥에 갇히는 일, 매 맞는 일, 심지어 돌 맞는 일, 굶고 잠 못 자고 추위에 떠는 일 등 온갖 고초를 겪으면서(『고린도전서』 11:23-28) 감행한 바울의 열성적인 전도와 그의 깊은 신학 사상으로 그리스도교는 명실공히 유대교의 분파적인 성격에서 완전히 벗어나 어엿한 보편 종교로 발전했다.

　이런 점을 감안해, 앞에서 잠깐 언급한 것처럼, 학자들 중에는 그리스도교의 창시자가 '예수냐 바울이냐' 하는 질문까지 하는 사람이 있다. 물론 예수는 유대인으로 났다가 유대인으로 죽었다. 그는 생전에 '그리스도교'나 '그리스도인'이라는 말을 들어 본 적도 없다. 그런 의미에서 바울이 유대교의 울타리를 넘어 퍼져 나간 독립된 종교로서 그리스도교 창시자라 할 수도 있을 것이다. 그러나 예수 없이는 그리스도교가 성립할 수 없었다는 의미에서 예수를 여전히 그리스도교의 창시자라 해야 할 것이다. 하지만 이런 질문이 나온다는 것 자체가 그리스도교에서 바울이 차지하는 위치가 얼마나 중요한가를 말해 주는 것이라 할 수 있으며, 또 많은 이들이 실제로 바울을 '그리스도교 제2의 창시자'라 칭하기도 한다.

바울의 가르침은 '믿음으로 말미암는 의(稱義)', 종말관, 인간관 등 다양해서 한마디로 간추릴 수는 없지만, 적어도 가장 중요한 사상 가운데 하나는 '그리스도 안 신비주의(in-Christ mysticism)'라 할 수 있다. 누구나 그리스도와 함께 십자가에 못 박혀 죽고 그리스도 안에서 새로 거듭나는 체험을 통해 '새로운 존재'가 됨을 강조하는 것이다. 유대인들에게 그렇게 중요하던 할례를 두고도 "할례를 받거나 안 받는 것이 중요한 것이 아니라, 새롭게 창조되는 것이 중요할" 뿐이라고 했다.(『갈라디아서』 6:15) 이런 새로 지음의 체험, 새로운 의식에 이를 때 "이제는 내가 산 것이 아니요 오직 내 안에 그리스도께서 사신 것"을 깨닫는다고 했다.(『갈라디아서』 2:20)

바울은 이런 신인합일의 종교적 체험을 갖는다고 해서 모든 것이 용납되는 것은 아니라고 한다. 그는 높은 도덕 수준에 이르는 것을 중요시하고, 특히 타인에 대한 무조건적인 '사랑'을 강조한다. "내가 사람의 모든 말과 천사의 말을 할 수 있을지라도 내게 사랑이 없으면 울리는 징이나 요란한 꽹과리가 될 뿐입니다. 내가 예언하는 능력을 가지고 있을지라도, 또 모든 비밀과 모든 지식을 가지고 있을지라도, 또 산을 옮길 만한 모든 믿음을 가지고 있을지라도, 사랑이 없으면, 아무것도 아닙니다"(『고린도전서』 13:1-2)라고 했다.

바울은 또 그리스도 안에서 하나가 된 사람들이 누릴 수 있는 평등, 특히 남녀평등을 강조한다. "유대 사람도 그리스 사람도 없으며, 종도 자유

인도 없으며, 남자와 여자가 없습니다. 여러분 모두가 그리스도 예수 안에서 하나이기 때문입니다"(『갈라디아서』 3:28)라고 했다. 성서신학자 존 도미니크 크로산(John Dominic Crossan)과 조나단 리드(Jonathan L. Reed)의 최근 연구에 의하면, "여자는 조용히, 언제나 순종하는 가운데서 배워야 합니다"(『디모데전서』 2:11)라는 말이나, "여자들은 교회에서 잠자코 있어야만 합니다. 여자에게는 말하는 것이 허락되어 있지 않습니다. 율법에서도 말한 대로 여자들은 복종해야 합니다"(『고린도전서』 14:34)라는 말 등 싱경에 바울이 했다고 기록된 여성 차별 내지 여성 비하적인 발언은 가짜 바울(pseudo-Pauline), 후세 바울(post-Pauline), 반 바울(anti-Pauline)의 무리들이 '실제적이고 역사적인 바울(actual and historical Paul)'을 변개하거나 무력화하기 위해 나중에 삽입하거나 첨가하거나 대치한 것이라 본다.[3]

신약 학자들 중에는 그리스 철학의 영향을 많이 받은 바울이 유대인 예수의 실천적이고 단순한 가르침을 너무 그리스화, 신학화, 추상화해서 도리어 예수의 복음을 손상시켰다고 주장하는 이들도 있다. 또 사해두루마리를 연구한 사람들 중에는 사해두루마리에 포함된 『하박국서 주석』에 나오는 이야기가 신약 성경 『사도행전』에 나오는 바울의 이야기와 너무나 비슷해, 이 두 이야기는 결국 동일한 인물에 대한 이야기로 볼 수밖에 없는데, 『하박국서 주석』에서 그 인물을 '의의 교사'를 배신한 '거짓말쟁이'로 묘사하고 있다는 것, 따라서 바울은 의의 교사였던 야고보를 배반한 거짓말쟁이, 심지어 '로마의 첩자'였을 것이라 주장하는 사람들도 있다.

아무튼 약 30년간 자기 나름대로의 복음을 전파하기 위해 혼신의 힘을 쏟았던 바울은 네로 황제가 그리스도인들을 박해할 때인 기원후 60년경에 로마로 갔다고 한다. 그런데 성경에는 그 뒤 어떻게 되었다는 언급이 없지만, 전통적으로 네로 황제의 그리스도인 박해 때인 64년경에 체포되었다가 65년경 거기서 처형되었으리라 본다.

초기 그리스도교의 예배 형식

초기 그리스도인들은 유대교 회당에서 행해지던 예배 형식을 본떠서 예배를 드렸다. 기도와 성경 읽기와 설교, 그리고 찬송이 예배의 중요 요소였다. 그 외에 그리스도교 예배 형식에서 중요한 요소로 첨가된 것은 침례와 성찬식이었다. 유대교 바리새파들이 이방인들을 유대교로 입교시킬 때 일종의 입교식 형식으로 침례를 주었는데, 그리스도교에서도 이를 따라 새로 입교하는 사람들에게 침례를 베풀고 이를 중요한 의식으로 고정시켰다. 본래 침례는 몸 전체를 물에 잠기도록 하는 것이었지만, 입교하는 사람들의 수가 늘면서 많은 사람을 데리고 큰물을 찾아가는 번거로움을 피하기 위해, 물을 머리에 붓거나 뿌리는 세례 형식을 취하게 되었다.

침례 또는 세례는 처음에는 입교식이나 입문식의 절차로 어른들에게 베푸는 것이었다. 그러나 시간이 지나면서 이것이 인간이 지닌 원죄를 씻는 예식이라 이해되었고, 이에 따라 아이들에게도 침례를 주었다. 특히 영아 사망률이 높았던 고대 사회에서는 아이가 태어나자마자 침례를 받도록 했는데, 이는 혹시 어려서 죽더라도 원죄를 벗고 구원을 받을 수 있게 하려는 배려 때문이었다.

초기 그리스도교 예배 형식에서 또 하나 중요한 요소는 본래 '애찬(愛餐, agape)' 또는 '성찬(Eucharist)'을 같이하는 것이었다. 이렇게 저녁에 모여서 식사를 같이하는 것은 그 당시 유대교의 유월절 밤 축제 만찬을 비롯해 중동 지방 여러 종교에서 일반적으로 행해지던 종교 예식 가운데 하나이기도 했다. 그러나 그리스도인들은 이렇게 함께 모여 식사하는 일에, 예수가 죽기 전 그의 열두 제자와 함께 최후의 만찬을 나눈 일을 재현한다는 의미를 부여했다. 초대 교회에서는 이런 행사가 비교적 성대한 식사였다.

그러다가 교인 수가 많아지면서 정식으로 식사를 하는 것이 힘들어졌다. 그 대신 이런 식사의 영적 의미에 초점을 맞추어 빵과 포도주를 먹고 마시는 것으로 간소화했다. 빵과 포도주를 먹고 마시는 것이 예수의 살과 피를 먹고 마시는 것이며, 또 예수의 살과 피를 먹고 마시므로 스스로 성결해진다고 믿었다. 또한 밤에 하는 대신 낮 예배 끝 무렵에 하는 것이 일반적이었다.

이런 예식을 지금은 성체성사(聖體聖事), 미사(Mass), 성찬식(聖餐式), 성만찬(聖晩餐), 주님의 만찬(Lord's Supper) 등으로 부른다. 현재 가톨릭에서는 미사 때 교인들이 앞으로 나와 집전하는 신부로부터 떡을 받아먹고 포도주는 교인들을 대신해 신부님이 혼자 마시는 예식을 행하며, 대부분의 개신교에서는 성찬식 때 교인들이 앉은자리에서 집사들로부터 조그만 빵조각을 받아먹고 작은 포도주 잔을 받아 마시는 형식을 취한다.

초기 그리스도교의 조직

초기 그리스도교에는 뚜렷한 조직이 없었다. 베드로나 바울이나 야고보 같은 지도자가 있었지만, 예수가 곧 재림한다고 믿었기 때문에 특별히 잘

정비된 조직 같은 것이 필요하다고 생각지 않았다. 그러다가 시간이 지나면서 재림이 곧 있을 것 같지도 않고, 또 교인의 수도 점점 늘어 가자 좀 더 분명한 조직체계가 필요하다는 사실을 깨닫기 시작했다.

현재 로마 가톨릭교회는 시몬 베드로가 '교회의 반석'이었다고 믿는다. 예수가 시몬 베드로를 향해 "내가 네게 이르노니 너는 베드로라. 내가 이 반석 위에 내 교회를 세우리니"(『마태복음』 16:18)라고 한 말씀에 따라 베드로가 그 이름의 뜻 그대로 교회의 '반석'이 되었다는 것이다. 특히 베드로가 로마로 가서 기원후 65년경 처형되기 전까지 그를 로마 교회의 주교로 섬겼다는 전설에 따라, 베드로가 로마 교회 최초의 수장이었다고 주장한다.

성경에 보면 몇 가지 직책이 나오는데, 주요 직책은 감독 또는 주교, 집사, 장로 등이었다. '감독' 또는 '주교'를 뜻하는 그리스어 '에피스코포스(episkopos)'는 '목자'라는 뜻이고, '집사'는 '디아코노스(diakonos)'로 '섬기는 자'라는 뜻이며, '장로'는 '프레스비테로이(presbyteroi)'로 '원로들'이라는 뜻이다. 그 외에 전도자, 선지자, 사도, 교사 등의 직책도 언급되어 있지만, 이런 직책들이 그 당시 정확하게 어떤 성격을 띠었는가 하는 점은 분명하지 않다. 일반적으로 '사도'는 예수의 부활을 목격한 지도자들로 이해되었다.

그리스도교 예배는 주로 유대 회당(시너고그)에서 거행되었지만, 정통 유대인들이 그리스도인을 배척하자 가정집 등에 모여서 드렸다. 이렇게 하면서 독립된 그리스도인 모임이 생겨났다. 시간이 흐르면서 예배일도 전통적인 유대인의 안식일인 토요일에서 그 당시 태양 숭배의 날이었던 일요일로 바꾸고, 이날을 예수가 부활한 것을 기념하는 날로 삼았다. 헌금을 모으기는 했지만 설교자의 급여를 위한 것은 아니었다. 바울이 천막 만드는 직업을 가지고 있었듯이, 성직자는 주로 자신의 직업을 가지고 일을 하며 거기서 얻는 수입으로 살았다.

초기 이단들

초대 교회는 이처럼 조직적으로도 느슨했을 뿐 아니라 교리적으로도 다양한 배경을 가진 그리스도인들을 한데 묶을 수 있는 강력한 지도 이념이 없었다. 따라서 교리적으로 여러 형태가 나타났는데, 대부분은 서로 공존할 수 있는 의견으로 수용되었지만, 그중에는 도저히 용납될 수 없다고 여겨지는 생각들도 많았다. 이런 것 가운데 대표적인 것 두 가지만 알아보면 다음과 같다.

| 영지주의

주로 그리스, 페르시아, 이집트의 사상에서 나왔지만, 그 외에도 밀의종교 같은 여러 영적인 전통을 배경으로 성립된 영지주의(靈知主義, Gnosticism)는 매우 복잡한 사상체계라 할 수 있다. 그러나 공통적인 것은 '영지(gnosis)' 또는 '깨달음'을 통해서 구원을 받는다는 점이다. 인간 안에는 '신의 영원한 불꽃'이 있는데, 악한 힘에 의해 지배당하는 이 세상에 사느라 인간은 그것을 모른 채 미망에 사로잡혀 살아가지만, 신으로부터 신과 인간을 연결하는 구원자가 와서 우리에게 그 영지, 곧 영적인 깨달음을 주면 우리 속에 있는 그 불꽃은 그 근원인 하느님과 다시 결합하게 되고, 그것

2장 그리스도교의 형성과 발전

으로 우리는 구원에 이른다는 것이다. 그리스도인들 중에 영지주의를 받아들인 사람들은 예수가 바로 그 깨달음을 전해 주는 영지의 구원자라 여겼다.

영지주의자들은 영과 육의 이원론을 주장하며, 영은 선하고 육은 악하다고 보았다. 따라서 하늘로부터 온 구원자 예수는 순수한 영일 뿐, 육을 가지고 있을 수가 없다고 믿었다. 결국 사람들이 본 예수는 육과 전혀 관계없는 '환영(幻影)'에 불과하다는 것이다. 이런 생각을 가현설(假現說, Docetism)이라고 하는데, 초기 그리스도교 지도자들로부터 이단이라 맹공을 받았다.

최근까지 그리스도교 영지주의는 주로 영지주의를 반대하는 이들이 남겨 놓은 문헌을 통해 알 수 있었는데, 1945년 12월 이집트 나그함마디(Nag Hammadi)라는 곳 땅 밑에서 그리스도교 영지주의 계통의 문헌들이 발견됨으로써 영지주의자들 자신의 목소리를 통해 더욱 확실한 정보를 얻게 되었다. 파피루스에 고대 이집트 말의 일종인 콥트어로 기록된 그 문헌들 중에는 『도마복음』, 『빌립복음』, 『진리복음』 등 정경(正經)에 포함되지 않은 복음서들이 많았다. 그 가운데 『도마복음』이 가장 잘 알려져 있다.⁴

최근 학자들 중에는 영지주의에서 강조하는 극단적인 영육 이원론은 받아들일 수 없지만, 이들이 '믿음'보다는 영지(gnōsis), 곧 '깨달음'을 중요시했다는 것은 그리스도인들이 다시 배워야 할 점이라 주장하는 이들이 있다. 또 그리스도교에서 영지주의적인 요소를 배제하지 않고 그대로 유지했다면 현재 불교와 훨씬 더 큰 공감대를 형성할 수 있었을 것이고, 이에 따라 두 종교 간의 대화도 훨씬 순조로웠을 것이라 믿는 이들도 있다. 필자도 그리스도교에서 이런 '깨달음' 중심주의적인 차원이 다시 회복되어 성서의 깊은 면을 볼 수 있어야 한다고 확신한다. 『도마복음』에 대해서는 9장에서 상세히 논의한다.

| 마르키온주의[5]

바울이 죽은 뒤 100년쯤 지나 마르키온(Marcion)이라는 사람이 나타나서 율법과 은혜에 관한 바울의 가르침을 구약과 신약을 대비하는 데 적용했다. 구약의 신은 율법과 징벌의 신이고, 신약의 신은 사랑과 자비의 신이라고 했다. 예수가 가르친 신은 사랑의 신이므로 율법과 징벌의 신을 강조하는 구약은 폐기 처분해야 한다고 주장했다.

『마태복음』에 의하면 예수가 율법을 폐하러 온 것이 아니라 완성하러 왔다고 했는데, 이런 『마태복음』도 버리고, 바울 서신 가운데 10개와 『누가복음』과 『사도행전』만 가지고 그리스도교 경전을 다시 만들어야 한다고 역설했다. 마르키온은 144년에 출교를 당하고, 그의 주장은 5세기경에 자연히 없어지고 말았다. 그러나 아이러니한 것은 그의 주장 때문에 오히려 구약을 옹호하는 사람들이 나타나 구약이 그리스도교 경전에 더욱 확실하게 포함되는 결과를 가져왔다는 사실이다.

로마 교회의 대두와 핍박

예루살렘 교회가 기원후 70년 예루살렘이 멸망하면서 없어진 다음, 로마 제국 내의 큰 도시들인 알렉산드리아, 안티오크, 로마 등에 있던 교회들이 중요한 교회로 등장했다. 그중에서도 여러 정치적·문화적·종교적인 이유로 결국 로마에 있는 교회가 가장 중요한 교회로 인정받으면서, 로마 교회의 주교(bishop)가 가장 강력한 지도자로 부상하고, 드디어는 교황(pope)까지 되었다.

그리스도교가 로마 제국 여러 곳으로 급속히 퍼지면서, 그만큼 박해도 커져 갔다. 박해를 받은 가장 큰 이유는 그리스도인이 그 당시 여러 신을 비롯해 로마 황제를 신으로 숭배하기를 거절하는 '무신론자'들이었다는 것이다. 이것은 물론 종교적인 이유에서이기보다 로마 제국의 권위에 대적하는 정치적 반역과 불충이라 여겨졌기 때문이다. 그 외에도 지하 무덤(카타콤) 같은 데서 성찬식에 쓸 것을 넣은 바구니를 가지고 모여 서로 예수의 '살과 피'를 나눈다고 하니 바구니에 담아 온 아이를 먹는 식인종들은 아닌가, 밤중이나 새벽에 비밀 장소에서 남녀가 한데 모여 '애찬'이나 하는 것을 보면 성적으로 문란한 짓을 하는 패륜아들은 아닌가, 세금이나 병역 의무도 기피하고 메시아 왕국에 대한 이야기나 하니 '제국 속에 제국'을 건설하려고 혁명을 꾸미는 불순분자들은 아닌가 하는 등의 의심을 받았다.

대규모 박해만 해도, 기원후 64년 네로 황제 때의 박해를 비롯해[6] 95년 도미티아누스(Domitianus) 황제 때의 박해[7] 303년 디오클레티아누스(Diocletianus) 황제 때의 박해 등 박해의 물결이 휩쓸었다. 박해는 주로 사자 굴에 던져 사자의 밥이 되게 하거나 화형에 처하는 것이었다. 이런 박해에도 불구하고 그리스도인의 숫자는 커져만 갔다.

드디어 콘스탄티누스(Constantinus, 재위 306~337) 황제가 등장했다. 그는 그리스도인이었던 그의 어머니와 부인의 영향으로 그리스도교에 호감을 가지고 있었다. 그는 로마 교외에서 있을 아주 중요한 전투를 앞둔 전

날 밤 꿈에서, "이 표시를 가지고 승리하리라!(In hoc signo vinces)"라는 말과 함께 '그리스도'라는 그리스어를 보았다. 그의 군사들은 '그리스도'라는 낱말의 처음 두 글자 'Χρ'를 그려 넣은 방패를 들고 나가 그 전투에서 승리를 거두었다. 그 뒤 313년에 밀라노 칙령을 공표하고, 그리스도교도 다른 종교들과 마찬가지로 자유롭게 신봉할 수 있도록 허락했다. 그 자신은 죽기 직전에야 그리스도인으로 세례를 받았다. 그 후 몇몇 황제가 전통적인 로마 종교를 부활시키려고 시도했지만, 결국 테오도시우스(Theodosius, 재위 379~395) 황제 때 그리스도교가 로마 제국의 공식 종교로 선언되었다.

니케아 공의회

콘스탄티누스 황제는 그리스도교를 허용하고 나서 그리스도교 분파들 사이에 그리스도가 누구인가에 대해 상충하는 이론들이 많은 것을 발견했다. 자신의 정치적 목적에 따라 그리스도교를 로마 제국을 통일하는 하나의 이데올로기로 삼으려는 황제에게 교회 내에 이렇게 서로 다른 이론들이 있어 싸운다는 것은 바람직스러운 일이 아니었다.

325년, 그는 약 300명의 그리스도교 지도자를 지금의 터키 서북부에 있던 니케아에 모이게 해서 이 문제를 해결하도록 했다. 이를 제1차 니케아 공의회(The Council of Nicaea)라고 한다. 마치 기원전 390년경 불교 승단에서 전통적인 규율을 그대로 따를 것인가, 새로운 환경에서 이를 바꿀 것인가를 놓고 700명의 스님이 모여 토론한 불교의 제2차 결집을 연상케 한다. 물론 토론의 내용은 서로 다른 것이었다. 니케아에서도 사제와 평신도

71

들을 위해 20가지 규율을 정하는 등의 토의가 있었지만, 주된 의제는 예수를 어떻게 이해할까 하는 '그리스도론(Christology)'의 문제였다.

니케아 공의회에서는 예수가 누구인가 하는 문제를 두고 크게 두 파로 나누어서 대결을 벌였다. 한쪽은 알렉산드리아 출신의 아리우스(Arius)가 이끄는 파로, 예수는 피조된 존재로서 진정으로 인간도 아니고 진정으로 신도 아닌 그 중간 제3의 존재라고 보았다. 이 파의 생각이 득세를 하는 것 같았는데, 알렉산드리아 감독의 비서로 있던 젊은 신학자 아타나시우스(Athanasius)가 나타나 예수는 독생자로 '태어났지 피조되지 않았다'고 주장하고, 아버지와 아들은 '동일한 존재'라고 했다. '동일한 존재'라는 말을 그리스어로 '호모우시아(homo-ousia)'라고 하는데, 이 '호모우시아' 이론이 결국 승리를 했다. 아리우스파는 이단으로 정죄(定罪)되고, 아타나시우스파의 이론이 그리스도교의 정통 교리로 받아들여진 것이다.

이때 만들어진 기본 신조가 이른바 '니케아 신조(the Nicene Creed)'였다. 그 뒤에도 여러 번 예수에 대한 교리를 확정하기 위한 공의회가 열렸는데, 451년 소아시아 칼케돈(Chalcedon) 공의회에서 예수는 '진정으로 신이면서 동시에 진정으로 인간(vero deus ver homo)'이라는 이른바 양성론(兩性論)을 포함한 공식 교리를 다시 확정했다.

콘스탄티노플의 주교로 있다가 431년 에베소(에페수스) 공의회에서 이단자로 선고받고 파면된 네스토리우스(Nestorius)를 추종하던 이들이 있었는데, 이들은 공의회의 결의에 불복하고 별도의 교회를 만들었다. 이들은 451년 칼케돈 공의회 이후 심해진 박해를 피해 동쪽으로 퍼져 나갔다. 그 뒤 페르시아 왕들의 후원으로 크게 융성했고, 인도로 가서는 '말라바르(Malabar)'라는 이름으로 알려졌으며, 781년 시안(西安)에 비석을 세우는 등 8세기 당나라에 흥왕하던 경교(景教)가 바로 그 파였다. 이 파가 우리나라의 삼국 시대에 신라에도 들어왔다는 설이 있다.[8] 중동에서 이슬람의 영향력이 커지면서, 이슬람을 받아들인 몽골이 중국을 다스리면서 이 파도 쇠퇴하기 시작했지만, 지금도 인도 남쪽과 이란 북서쪽에 이 파의 맥을 이어 가는 사람들이 있다.

지금껏 우리는 초기 그리스도교가 어떻게 시작되었고, 여러 어려움을 뚫고 어떻게 발전했는가 하는 점을 중심으로 살펴보았다. 여기서 주목해야 할 것은 그리스도교가 처음부터 한 가지 모습, 한 가지 교리로 시작한 단일체계가 아니었다는 사실이다. 그리스도교도 유대교를 비롯해 주위에 있던 여러 종교 전통이라는 종교의 토양과 환경 속에서 그 영향을 받으며 태어나고 여러 다른 형태로 자랐다.

특히 강조하고 싶은 것은 4세기 초 콘스탄티누스 황제의 정치적인 목적에 부응하기 위해 교회가 한 가지 외형적(exoteric) 교리만을 정통으로 삼고 다른 비의적(秘意的, esoteric) 흐름들을 억누른 결과, 그 뒤 1600년 동안 그리스도교는 그 심오한 '신비적' 또는 '심층적' 차원을 등한시하거나 심지어 억누르는 결과를 초래했다는 사실이다. 이제 21세기 탈근대 세계에서 다원주의적인 태도가 크게 대두되며 그리스도교도 등한시하거나 배격했던 깊은 차원의 가르침을 회복함으로써 스스로의 종교적 삶을 더욱 풍요롭게 하는 것은 물론, 불교나 기타 이웃 종교들과의 대화와 협력도 더욱 원만하고 활발하게 펼쳐 나가기를 기대해 본다.

아우구스티누스

중세 그리스도교로 들어가는 문턱에 있었던 가장 위대한 사상가 성 아우구스티누스(Augustinus, 354~430)에 대해 이야기하고 넘어가기로 하자. 사실 2세기부터 4세기까지는 그리스도교를 옹호하는 호교론자(apologists)들이 많이 등장했다. 그 대표자가 알렉산드리아의 크레멘스(Clemens, 150~220)와 그의 제자 오리게네스(Origenes, 185~251), 라틴 신학의 대부 터틀리아누스(Tertrianus, 150~222) 등이다.

그러나 이런 초기 그리스도교 사상가들 가운데 가장 뛰어난 사상가는 아무래도 아우구스티누스였다. 아우구스티누스는 자신의 유명한 자서전인 『고백록Confessions』 첫 부분에서 "오 주님, 주님께서는 당신을 위해 저희를 지으셨으니 저희 마음은 당신 안에서 쉼을 얻기까지 쉼이 없사옵니다"라고 했는데, 그의 삶의 전반은 실로 이 고백을 뒷받침하듯 파란곡절의 세월이었다.

그는 북아프리카 타가스테(Tagaste)에서 비그리스도인 아버지와 그리스도교로 개종한 어머니 모니카 사이에서 태어나, 어릴 때 그리스도인 어머니의 감화를 받으면서 자랐다. 크면서 플라톤(Platon), 아리스토텔레스(Aristoteles), 키케로(Marcus Tullius Cicero), 베르길리우스(Publius Vergilius Maro) 등의 저서를 읽고 수사학과 웅변을 익혔다. 10대 후반에 들어서면서 정욕에 휩쓸렸으며, 특히 그 당시 학문의 중심지 가운데 하나였던 카르타고로 옮겨 가면서는 그리스도교와 조로아스터교 및 동양 종교를 혼합한 마니교(Manichaeism)에 심취했다.

영육 이원론을 주장하며 육을 악으로 보는 이 종교가 그의 종교적인 생각을 형성하는 데 큰 영향을 주기도 했지만, 육을 죄악시하는 태도는 그에게 일종의 짐이 되기도 했다. 그는 너무나 정열적이어서, "저에게 정조와 절제를 허락하소서. 그러나 아직은 아니옵니다"라는 기도를 했다고 한다. 그는 육욕에 끌려 정열적인 삶을 살다가 아데오다투스(adeodatus, 신으로부터 얻음)라는 사생아까지 얻었다. 모두 9년간 그 종교에 몸담았다.

그의 어머니 모니카의 끊임없는 기도와 호소와 직접적인 간섭 때문이었는지, 그는 20대 후반에 두 가지를 깨달았다. 학문과 지성으로는 진리를 얻을 수 없다는 것과 쾌락 추구는 진정한 행복을 가져다주지 못하고 오히려 비참함만 더해 준다는 사실이었다. 그는 29세에 어머니를 피해 로마로 가서 수사학을 가르치는 일자리를 얻었다.

그는 당시 웅변으로 유명한 밀라노의 암브로시우스(Ambrosius) 주교를 찾아가 그의 강론을 즐겨 들었는데, 이는 물론 그의 종교적 통찰에 관심이 있어서가 아니라 웅변가로서의 그의 화술을 보고 배우기 위해서였다. 그러나 점점 그의 그리스도교적 기별이 아우구스티누스의 머리에 젖어 들기 시작했다. 전에는 성경을 '키케로의 근엄함에 비해 아무 가치도 없는 것'이라 여겼지만, 이제는 성경이 '부조리한 이야기'로만 가득한 책이 아니라 그렇지 않은 다른 부분도 포함한 것이라는 사실을 인정하게 되었다.

아우구스티누스는 그때까지 외적인 것만을 위해 살면서 내적인 평화를 찾지 못하고 있었다. 그는 신이 없이는 결국 아무것도 이룰 수 없는 것이 아닌가 하는 생각을 했다. 그러나 아직도 그는 신앙보다는 이성에 의지하는 고통스러운 과정을 계속하고 있었다. 무엇보다 그의 가장 큰 걱정은 그가 어찌 육체의 쾌락을 거부할 수 있을까 하는 것이었다.

이런 내적 씨름의 결정적인 고비는 그가 친구인 알리피우스(Alypius)의 시골집에 머물 때였다. 아우구스티누스는 언제나처럼 절망감에 시달리면서 무화과나무 아래 엎드려 믿음이 없는 자신의 비참함을 생각하며 울고 있었다. 얼마나 더 기다려야 구원과 치유함을 얻을 수 있을까 부르짖고 있었다.

『고백록』에 따르면, 그때 그는 담 너머에서 친구들과 무슨 게임을 하던 어린아이가 "들어서 읽으라" 하고 외치는 소리를 들었다. 아우구스티누스는 이것을 하나의 신호라 생각하고 자기 친구가 앉아 있는 곳으로 달려가, 그가 읽고 있던 성경책을 집어 들고 아무 곳이나 펴 보았다. 그의 눈이 처음 닿은 곳이 신약 성경 『로마서』 13장 12~14절, "호사한 연회와 술 취함, 음행과 방탕, 싸움과 시기에 빠지지 맙시다. 주 예수 그리스도로 옷을 입으십시오. 정욕을 채우려고 육신의 일을 꾀하지 마십시오"라는 글이었다.

아우구스티누스는 엄격한 금욕주의를 실천하기로 작정하고 암브로시우스에게서 세례를 받은 다음, 북아프리카로 돌아가 신부로 안수를 받았다. 그 뒤 396년 42세에 오늘날 알제리의 안나바에 해당되는 힙포의 주교가 되어, 죽을 때까지 그 자리를 지켰다. 그는 자신이 한때 따르던 마니교를 비롯해 여러 이설(異說)을 열정적으로 비판하고, 스스로 정통 가톨릭교회의 위대한 옹호자로 우뚝 섰다.

그는 마지막 30년 동안 수없이 많은 글을 통해 그리스도교 신학의 초석을 놓았다. 그가 쓴 많은 책들 가운데 『신의 도성 De Civitate Dei』은 역사를 '신의 도성(civitas Dei)'과 '세상 도성(civitas terra)'의 투쟁사로 보고, 인간은 거기서 훈련을 받으므로 역사에 의미가 있다고 주장했다. 역사의 의미를 이야기한다는 점에서 서양 사상사 최초로 '역사철학'을 다루는 책이 된 셈이다. 그는 또한 세상에는 신의 은혜를 전달할 수 있는 수단으로서의 성례전을 수행할 교회가 하나밖에 없기 때문에 "교회 밖에는 구원이 없다(Extra Ecclesiam nulla salus)"는 역사적으로 유명한 말에 힘을 실었다.

아우구스티누스는 젊은 시절에 맛보았던 비극적인 경험 때문에, 그리고 영육 이원론에 기초해서 육을 악으로 보는 마니교의 영향 때문에, 인간의 나약함을 지나치게 강조하고 인간의 성욕이 아담과 하와의 타락 때문에 인간에게 씌워진 '원죄'로서 인간은 모두 죄인으로 태어났다는 원죄설을 주장했다. 이로써 그는 성욕을 가진 모든 인간을 죄인으로 만드는 결과를 초래한 셈이다. 이런 원죄에도 불구하고 하느님이 미리 예정한 사람들은 하느님의 절대적인 은혜와 사랑으로 인해 구원을 받는다는 예정론도 주장했다. 이런 이론은 그 당시 원죄를 인정하지 않고 인간의 자유 의지를 강조해, 인간은 하느님의 도움을 받지만 스스로 구원을 이루어야 한다고 주장한 영국 출신 펠라기우스(Pelagius)와의 유명한 논쟁을 불러오기도 했다.

아우구스티누스의 신학은 물론 그 뒤 가톨릭 신학에서 결정적인 역할을 했지만, 어느 면에서는 종교개혁 당시 프로테스탄트 신학에 더 큰 영향을 주었다고 볼 수 있다. 마르틴 루터(Martin Luther)는 아우구스티누스 계통의 신학자로서, 둘 다 신플라톤주의 철학 계통에 속했던 사람들이다. 아우구스티누스의 예정설은 장 칼뱅(Jean Calvin)을 통해 더욱 많이 알려졌다.

중세, 동서방교회의 분리

—

• 알프스의 깊은 골짜기에 자리 잡은 카르투지오 수도원. 1084년 성 브루노가 터를 잡은 이후, 이곳의 수도사들은 스스로를 엄격하게 격리시킨 채 〈위대한 침묵〉 안에 머물며 고독에 응대해 왔다. 오직 노동과 기도와 묵상으로.

2장에서는 초대 그리스도교가 바울 등의 공헌에 힘입어 어떻게 형성되었으며, 어떤 이단들이 생겼는가, 로마 제국에서 핍박을 받으면서도 결국은 어떻게 로마 제국의 공식 종교로 인정받았는가, 니케아 공의회에서 예수에 관한 교리 문제로 어떻게 갈라졌는가, 초기 그리스도교 신학의 초석을 놓은 아우구스티누스는 무엇을 주장했는가 등의 문제를 살펴보았다. 여기서는 이렇게 형성된 교회가 중세를 거치면서 어떻게 발전하고 변천했는가를 중심으로 살펴보고자 한다.

교회의 분리

그리스도교의 역사는 갈등의 역사라 해도 과언이 아니다. 사도 시대부터 교회 안에는 교리적으로, 정치적으로, 감정적으로 언제나 대립이 있었고, 거기에 따라 파당이 생겼다. 이들 중 더러는 이단으로 몰려 쫓겨나기도 하고, 더러는 저절로 떨어져 나가 새로운 종파를 세우기도 했다. 그러나 이런 와중에도 교회의 원둥치는 그대로 유지되었다.

그러다가 여러 지리적, 정치적, 교리적, 언어적, 실천적인 이유로 오랫동안 동방교회와 서방교회 사이에 금이 가기 시작했다. 정치적으로는 동방에 있는 교회들이 서방 로마 교황의 절대권을 인정하지 않았다. 교리적으로는 서방교회가 성령이 아버지와 '아들로부터도' 나왔다고 하는 '필리오케(filioque)' 교리를 받아들인 반면, 동방교회는 이를 반대했다. 언어적으로는 동방교회는 그리스어(희랍어)를 쓰는 반면 서방교회는 라틴어를 썼다.

그 외에도 동방교회는 좀 더 명상적이고 신비주의적이며 정적인 반면, 서방은 실용적이고 율법적이며 적극적인 면이 강했다. 가장 직접적인 이유는 서방교회에서 일으킨 십자군이 이슬람교도들이 차지하고 있던 예루살렘 성지를 그들로부터 되찾으러 간다는 명목으로 원정을 가는 도중 콘스탄티노플에 이르렀을 때 동방교회의 권위를 무시하고 온갖 행패를 다 부린 것이다.

이런저런 이유로 결국 1054년 동방교회와 서방교회는 서로가 서로를 파문하는 일로 영영 갈라섰다. 동방교회는 '동방정교회(Eastern Orthodox Church)' 또는 '그리스정교회(Greek Orthodox Church)'라고 하고, 서방교회는 '로마 가톨릭교회(Roman Catholic Church)'라 했다. 동방교회는 지금의 터키 이스탄불인 콘스탄티노플에 있던 본부를 1453년 이슬람교의 침공으로 모스크바로 옮겼고, 서방교회의 본부는 물론 로마에 있었다.

동방교회는 로마 교회와 다른 점이 많지만 중요한 것 몇 가지만 들면, 연옥을 인정하지 않으며 성직자의 일률적인 독신 생활을 의무화하지 않는다. 평면 위에 그려진 상징적인 성화는 사용하지만, 조각상은 허용하지 않는다. 물을 뿌리거나 바르는 세례가 아니라 온몸을 물에 담그는 침례(浸禮)를 준다. 성찬식 때 평신도들에게 빵만 주는 것이 아니라, 빵과 포도주를 같이 준다. 물론 로마 교황의 특수 권위나 교황 무오설(無誤說) 같은 것을 받아들이지 않는다.

동방교회의 신비주의적 특성

동방교회가 서방교회보다 좀 더 신비주의적이라고 했는데, 동방교회의 이런 경향성을 불러일으키는 데 가장 결정적인 역할을 한 사람은 6세기 시리아에 살면서 『신비신학』의 저자로 알려진 '위(僞) 디오니시우스(Pseudo-Dionysius)'였다. 그는 신플라톤주의자로서 신은 우리의 생각으로는 도저히 상상할 수 없고, 이름 붙일 수도 없으며, 무어라 표현할 수도 없을 뿐 아니라 존재나 비존재의 범주에도 속할 수 없는 무엇이라고 파악했다.

물론 생명, 지혜, 선함, 능력 같은 아름다운 말을 신에게 돌릴 수 있지만, 헤아릴 수 없는 신적인 깊이와 위대성에 비하면 이런 개념들은 모두 헛것, 빈 것에 불과하며, '그에게는 이런 것이 없다'고 주장했다. 사실 이런 견해나 개념들을 깨끗이 비울 때 비로소 신을 직접적으로 체험하는 경지, 궁극적으로 신이 되는 것(神化, deification)에 이를 수 있다는 것이다. 그는 『신비신학』에서 다음과 같은 말을 했다.

> 사랑하는 디모데야, 나의 간절한 기도는 네가 신비적인 명상을 실천하
> 면서 모든 감각과 지각의 작용을, 그리고 감각적이고 지각적인 모든 것
> 을, 나아가 존재와 비존재의 세계에 있는 모든 것을 뒤로하고, 오로지
> 앎을 버림(unknowing)을 통해서 모든 존재와 모든 지식을 초월하는 그

분파의 합일을 향해 높이 올라가기를 바라는 것이다.

이런 신학을 서양에서는 '부정의 신학(Negative Theology, Apopathic Theology)'이라 한다. 마치 『우파니샤드』에서 말하는 니르구나 브라만(Nirguna Brahman), 심지어 궁극 실재에 대한 우리의 견해나 알음알이를 버려야 반야지(般若智)에 이를 수 있다는 용수(龍樹)의 '공(空, Śūnyatā) 사상을 연상케 하는 대목이기도 하다.

동방교회에서는 특히 '신의 빛'을 보는 체험을 중요시했다. 7세기 고백자 막시무스(Maximus the Confessor)라는 교부는 우리가 신비 체험을 할 때 "우리의 마음은 신의 무한한 빛(無量光)에 압도되어 그 자체에 대한 감각을 완전히 잊어버린다"고 했다. 동방교회에서는 이런 체험을 신의 영광을 보는 것이라 설명하고, 우리의 종교적인 삶은 궁극적으로 서방교회에서 말하는 것처럼 '예수를 본받음'의 문제가 아니라 예수가 받았던 빛의 체험을 우리도 나누어 가짐으로써 변화를 받는 것이라고 보았다.

동방교회에서 내려오는 전통 가운데 또 한 가지 주목할 만한 것은 이른바 '예수의 기도'라는 것이다. "하느님의 아들 주 예수 그리스도시여 이 죄인에게 자비를 베푸소서(Lord Jesus Christ, Son of God, have mercy on me, a sinner)"라고 하거나, 좀 줄여서 "주 예수 그리스도 제게 자비를 베푸소서"라는 것을 깨어 있을 때든 잘 때든 쉬지 않고 염불 외우듯 외우는 것이다. 어느 단계를 지나면 기도가 심장 박동에 따라 속에서 저절로 나온다고 한다. 이 기도를 통해 마음이 정결해지고 예수가 내 속에, 그리고 만물 안에 임재함을 느끼는 신비 체험에 이른다고 한다.[1]

중세 로마 교황권의 강화

5세기에 로마 제국이 망하고 서방 유럽은 여러 봉건 국가로 지리멸렬해졌다. 이런 와중에 유럽을 통합할 수 있는 유일하게 안정된 세력은 교회였다. 교회는 점점 세속 권력을 행사하기 시작해, 8세기부터는 봉건 제왕들이 교황의 재가를 얻어야 왕이 될 수 있을 정도였다.

9세기에는 정식으로 권위의 위계(位階)를 설정해서 세상 위에 교회, 교회 위에 교황이라는 자리매김을 분명히 했다. 신성 로마 제국(독일) 황제 하인리히 4세가 교황 그레고리우스 7세(재위 1073~1085)와 맞섰다가 파문을 당한 뒤, 한겨울에 알프스를 넘어 교황을 찾아가 눈 속에서 흰옷을 입고 맨발로 3일 동안 빈 다음에야 겨우 파문이 취소되었다는 유명한 '카노사의 굴욕' 사건이 보여 주듯, 후대 교황은 신성 로마 제국의 제왕들을 자기 마음대로 옹립하거나 폐위시킬 수 있었다. 봉건 제왕은 그의 발에 입을 맞출 정도로 그 지위가 낮아졌다.

교황권에 반대하는 사람은 구원의 유일한 수단인 교회로부터 출교(excommunication)시켜 천국에 갈 기회를 박탈하기도 하고, '이단적'인 사상에 물든 사람은 일종의 교회 재판인 심문(Inquisition)을 통해 화형 등의 방법으로 다스리는 등 교황권의 전횡이 심해졌다.

서방교회 스콜라 신학

교황이 절대권을 가지면서 권력 남용, 매관매직, 부패 등 여러 부작용이 따르는 것은 어쩔 수 없는 일이었다. 그런 중에도 중세 유럽은 일종의 통일과 안정을 구가할 수 있었기에 이 시기에 대사원의 건축, 수도원의 시작, 스콜라 신학의 흥기, 신비주의의 발달 등 신학적으로 그리고 영적으로 지극히 활발한 활동을 전개했다. 이 가운데 스콜라 신학, 신비주의, 수도원 운동에 대해 간략하게 살펴보기로 한다.

12, 13세기에 유럽 전역에 대학들이 생겨나고, 그 대학들에서 가장 중요한 과목은 신학이었다. 이때 활동하며 두각을 드러낸 신학자들을 스콜라 신학자(Scholastics)라고 하는데, 이들의 가장 큰 특징은 아우구스티누스가 일찍이 "신앙은 이성을 필요로 한다(fides quaerit intellectum)"고 말한 것처럼, '신앙(信仰)'과 '이성(理性)'을 종합하고 조화시키려고 애쓴 것이다. 좀 더 구체적으로 말하면, 성경을 아리스토텔레스의 철학으로 이해하려고 노력한 것이라 할 수 있다. 이런 스콜라 신학자들 중에 가장 유명한 사람은 안셀무스(Anselmus, 1033~1109)와 토마스 아퀴나스(Thomas Aquinas, 1225~1274)였다.

이탈리아인 안셀무스(영어 발음으로는 안셈)는 그의 유명한 말, "나는 알기 위해서 믿는다(Credo ut intelligam)"에서 드러내듯 신앙이 지식의 전제 조건이라 보았다. 신앙이 있어야 비로소 알게 된다는 뜻이다. 그는 또한 신의 존재를 이론으로 증명하려 했다. '우리는 모두 완전한 신이라는 생각을 가지고 있다. 완전하기 위해서는 존재해야 한다. 그러므로 신은 존재한다'라는 식으로 논증하려 했는데, 이를 '존재론적 논증(ontological argument)'이라 한다.

그리스도교 역사에서 가장 위대한 업적을 남긴 신학자를 꼽는다면 토마스 아퀴나스를 드는 사람이 많을 것이다. 필자도 대학 다닐 때 라틴어

강독을 통해 그의 책『신학대전*Summa Theologiae*』을 보고, 세상에 인간으로서 어떻게 이런 책을 쓸 수 있을까 감탄한 적이 있다. 이 책에서 아퀴나스는 신학적인 모든 물음을 '우리의 철학자' 아리스토텔레스의 사상과 성경의 가르침을 바탕으로 일목요연하면서도 일관된 구조로 하나하나 설명하고 논증한다.

아퀴나스도 신의 존재를 이론적으로 증명하려 했는데, 그 가운데 잘 알려진 것 두 가지는 이른바 '우주론적 증명(cosmological argument)'과 '목적론적 증명(teleological argument)'이라는 것이다. 우주론적 증명은 세상 모든 것은 원인이 있어야 존재한다, 그 원인에는 또 다른 원인이 있어야 한다, 이렇게 따져 가서 최초의 원인(first cause) 또는 '원인 없는 원인(uncaused cause)'을 찾는다면 이것이 바로 신이라는 것이다. 같은 논리로 우리 주위에 움직임이 있는데, 이런 움직임은 움직이는 것이 있어야 한다, 다시 그 움직이는 것을 움직이는 것이 또 있어야 한다, 이렇게 계속 올라가면 자기는 '움직이지 않고 다른 것을 움직이는 것(Unmoved mover, 부동의 동자)'이 있어야 하는데, 그것이 바로 신이라는 것이다.

목적론적 증명이란 인간의 눈 같은 것을 보라. 세상의 모든 것은 아무렇게나 된 것이 아니라 일정한 목적을 위해 일정한 질서와 일정한 구조를 가지고 있지 않는가. 이런 것들이 이렇다면 이렇게 설계한 존재가 있어야 하는데, 그것이 바로 신이라는 것이다. 설계자(designer) 논증이라고도 한다.

물론 18세기에 칸트가 '순수 이성의 한계'를 넘어서는 신을 이렇게 이성의 한계 안에 놓고 증명할 수 없다고 반박한 이후 이런 논증을 절대적인 '논증'이라 받아들이는 사람은 거의 없다. 스콜라 신학의 시대적인 제약과 한계는 물론 어쩔 수 없는 일이었을 것이다. 그러나 그들 신학체계의 방대함이나 조직은 여전히 경탄의 대상이다. 하지만 그들의 사상이 너무 이론에만 치우쳤다고 해서 '번쇄철학(煩瑣哲學)'이라 부르기도 한다. 아퀴나스 자신도 말년에 가서 자기가 신에 대해 가진 직접적인 체험에 비하면 지금껏 써 온 모든 것은 한낱 지푸라기에 불과하다고 하며 펜을 던져 버렸다고 한다.

신비주의 사상

앞에서 언급한 동방교회의 위 디오니시우스의 저작은 9세기경 아일랜드의 신부로서 파리에서 가르치던 스코투스 에리게나(Scotus Erigena)에 의해 라틴어로 번역되어, 12세기 이후 서방교회에 절대적인 영향을 끼쳤다. 그 결과 13세기와 14세기에는 독일 라인 강을 중심으로 많은 신비주의자들이 나타났다. 그 가운데 독일인 베네딕토 수도회 소속 설교자 마이스터 에크하르트(Meister Eckhart, 1260~1327)는 실로 중세뿐만 아니라 그리스도교 역사상 최대의 신비사상가라 할 수 있다. 그는 현대 사상가 마르틴 하이데거(Martin Heidegger)나 폴 틸리히(Paul Tillich)에게 지대한 영향을 준 사상가이기도 하다.

그는 모든 존재의 근거가 되는 절대자로서의 신성(Deitas, Godhead)과 우리가 일상적으로 생각하고 말하는 신(Deus, God)을 구별했다. 말로 표현된 신은 절대적인 신이 아니라고 본 것이다. 그의 주장에 따르면 "우리가 신에 대해 무슨 말을 하든 말을 하면 그는 그가 아니다. 그는 우리가 그가 무엇이라 말하는 것보다 오히려 우리가 말하지 않는 바의 무엇"이라는 것이다. "말로 표현할 수 있는 도는 참된 도가 아니다(道可道非常道)"라는 『도덕경』1장의 첫 줄을 연상하게 하는 말이다.

절대적인 신은 하나의 존재일 수가 없고 모든 존재의 근거(Ungrund)로서, 우리의 신비적 직관이나 체험의 대상일 뿐이라는 것이다. 힌두교 경전 『우파니샤드』에서 브라만을 두고 '네티 네티(neither this nor that)'라고 하는 것처럼, 에크하르트도 신은 "이것도 아니고 저것도 아니다"라고 했다. 절대자는 이해될 수도, 알려질 수도 없기 때문에 그것을 차라리 '없음(Nichts, Nothing)'이라 하는 것이 더 적절하다고까지 했다. 절대적인 신을 '무(無)'나 '공(空)'으로 파악하는 것은 그 뒤 독일 신비주의 전통의 특성이 되었다. 독일 종교학자인 루돌프 오토(Rudolf Otto)가 에크하르트를 인도 베단타학파의 샹카라(Śaṅkara)와 비교해서 『*Mysticism East and West*』라는 책을 냈고, 일본인 스즈키 다이세츠(鈴木大拙)가 에크하르트의 생각을 선불교 사상과 비교해서 『*Mysticism Christian and Buddhist*』라는 책을 썼다는 사실이 크게 놀랍지 않은 이유가 분명해지는 대목이다.

에크하르트로부터 큰 영향을 받은 신비주의자로 주목할 만한 사상가는 독일의 추기경 쿠사의 니콜라스(Nicolas of Cusa, 1401~1464. '쿠사누스Cusanus'라 하기도 한다)다. 그는 교황청이 에크하르트를 정죄할 때 이를 방어하기 위해 힘썼다. 그의 가장 잘 알려진 저술은 『박학한 무지에 대하여 *De Docta Ignorantia*』다. 신은 '모든 완성의 정점(the summit of all perfection)'으로서, '모든 존재의 절대 존재(the absolute Being of all being)'로서 우리의 지적 인식의 대상이 될 수 없는 초월적인 무엇이기 때문에 우리는 거기에 대해 무지할 수밖에 없으며, 반야지(般若智) 같은 우리의 예지나 직관을 통해서 알 수 있을 뿐이라고 한다.

신의 얼굴을 대면하기 위해서는 모든 아는 체를 던져 버리고 '일종의 비밀, 신비적 침묵으로 들어가야' 하는데, 이 침묵, 이 '무지', 이 텅 빔 속에서 신이 우리에게 자기를 보여 준다는 것이다. 그는 말한다. "박학한 무지는 우리에게 신은 말로 표현할 수 있는 것보다 무한히 더 위대하므로 도저히 표현 불가함을 가르쳐 주었다." 신은 '스스로가 신에 대해 무지하다는 사실을 아는 사람에게만' 알려진다고도 했다. 실로 『도덕경』 56장에 "아는 사람은 말하지 아니하고 말하는 사람은 알지 못한다(知者不言 言者不知)"는 구절을 비롯해 세계 신비 전통에서 공통으로 강조하는 사상을 연상하게 하는 말이다.

니콜라스가 서양 정신사 내지 세계 정신사에 끼친 또 다른 공헌은 그가 자신의 유명한 말 '양극의 조화(coincidentia oppositorum, the harmony of the opposites)'를 강조했다는 점이다. 그에 의하면 신은 어쩔 수 없이 '역설적 (paradoxical)'일 수밖에 없다. 이해하기 쉽게 이야기하면, 무한한 절대자로서의 신은 가장 큰 것보다 더 크고, 동시에 가장 작은 것보다 더 작을 수밖에 없다.

무한히 크기 때문에 그 밖에 다른 무엇이 따로 있을 수 없고, 무한히 작기 때문에 그 안에 다른 무엇이 따로 있을 수도 없다. 큼과 작음, 안과 밖 같은 일체의 모순이 신에게서는 모순이 아니라 보완의 관계로 해결된다는 것이다. 따라서 신이 초월적이냐 내재적이냐, 인격적이냐 비인격적이냐 하는 등 일체의 이항 대립적인 '이것이냐 저것이냐(either/or)'는 신에게는 아무 의미가 없고, 오로지 '이것도 저것도(both/and)'로만 이해될 수 있다는 것이다. 이를테면 신은 무한히 초월적이면서 동시에 모든 사물 안에 내재한다고 보아야 한다는 것이다.

여기서 독일 신비주의 사상가 토마스 아 켐피스(Thomas Kempis, 1380~1471)를 빠뜨리고 지나갈 수 없다. 그의 책 『그리스도를 본받아 De Imitatione Christi』는 읽는 사람에 따라 그리스도교 역사에서 성경 다음으로 영향력이 큰 책이라 할 정도로 영적인 힘을 가진 고전이라 꼽기도 한다.

그는 이 책 첫머리에서 "우리 주님께서는 '나를 따르는 자는 어둠 속에 다니지 아니한다'(『요한복음』 8:12)고 하셨다. 이 말씀으로 그리스도께서는 우리가 진정으로 깨침을 얻고 마음의 눈먼 상태에서 벗어나기를 원하면 그의 삶과 길을 따르라고 권고하신다. 그러므로 예수 그리스도의 삶이 우리가 최우선으로 고려할 일이 되어야 한다"고 했다. 예수를 본받는 것은 예수처럼 근본적으로 나에게 죽는 무아의 삶, 나를 온전히 하느님께 바치고 비우는 삶을 의미한다고 했다.

이 밖에도 마치 불교에서 『화엄경』의 선재동자가 선지식(善知識)을 찾아다니다가 미륵보살의 안내를 받고 들어가서 본 황홀한 보탑(寶塔)의 세계를 연상시키는 책 『내면의 성(城)』을 쓴 아빌라의 성 테레사(St. Theresa of Avila), 우리와 신 사이에 있는 '무지의 구름'을 사랑의 창으로 뚫어야 한다는 『무지의 구름』의 이름 모를 저자, 성 테레사와 같은 때에 스페인에서 함께 활동하고 '영혼의 어두운 밤'을 강조한 십자가의 성 요한(St. John of the Cross) 등 수많은 신비주의자가 있었다.[2] 한 가지 주목할 사실은 중세 신비주의자들이 가장 일관되게 강조한 것은 내 안에 내재한 신성(神性)이었다는 점이다. 어느 면에서 선불교에서 말하는 불성(佛性)과 대비해서 살펴보는 것도 흥미로운 일일 것이다.

수도회의 시작과 발전

기원후 3세기 말부터 이집트의 안토니우스(Anthonius, 250년 출생) 같은 사람을 비롯해 교회의 영적·윤리적 퇴락이나 세속화를 보고, 또 그리스도인들에게 가해지는 박해를 피해 속세를 떠나 이집트 사막으로 옮겨 가 은둔자의 삶을 사는 사람들이 생겨났는데, 이들을 '사막의 교부들(Desert Fathers)'이라 한다. 이들은 예수를 따르려면 먼저 "가서 네가 가진 것을 다 팔아 가난한 사람들에게 나누어 주라"(『마가복음』 10:21)고 한 예수의 말씀을 실행해 무소유의 정신을 가지고 사막의 동굴이나 오두막 같은 데서 거의 혼자 살았다.

금욕주의적인 삶을 원칙으로 하고, 명상과 기도, 노동, 성경 낭송 등은 물론 금식, 불면, 오래 서 있기 등의 고행을 실천하기도 했다. 4세기 중엽부터 이런 사막의 교부들을 찾아 사막으로 오는 사람들의 수가 늘어나면서 이런 교부들을 중심으로 일종의 공동체가 형성되기 시작했는데, 이것이 그리스도교 수도회(修道會)의 시초라 할 수 있다. 이런 점에서 그리스도교 수도회의 역사는 처음부터 수도회 공동체 형식으로 시작한 불교의 역사와 다르다고 볼 수 있다.

처음 등장한 수도회가 이집트의 파코미우스(Pachomius, 약 290~346)와 소아시아 가이사라의 바실리우스(Basilius, 329~379)였다. 그러나 서방교회 최초의 본격적인 수도회는 이탈리아 중부 누르시아의 성 베네딕투스(Benedictus, 약 480~547)가 창설한 것으로 보는 것이 일반적이다. 이 수도회를 한국 가톨릭에서는 '베네딕토' 또는 한문 발음으로 '분도' 수도회라 부른다. 전통적으로 노동, 연구, 기도의 삼중 훈련을 중요시했고, 이 수도회에서 시작된 규약이 그 뒤 다른 수도회의 귀감이 되었다.

중세의 유명한 수도회는 스페인의 성 도미니크(Dominicus, 1170~1221)가 세운 도미니크 수도회와 이탈리아 아시시의 성 프란체스코(Francisco, 1182~1226)가 세운 프란체스코 수도회라 할 수 있다. 도미니크 수도회는 바울을 본받기로 하고 전도에 힘썼다. 『마태복음』 10장 7~14절에 나오는 예수의 말씀에 따라 걸식하는 탁발승으로 살았다. 전도자로서 사람들을 가르치기 위해 학문에 열중했고, 그 결과 중세 유럽에 많은 대학을 설립하기도 했다. 따라서 상류층 사회에서 따르는 사람이 많았고, 토마스 아퀴나스와 마이스터 에크하르트도 이 수도회가 배출한 인물이었다. 교황으로부터 중세 십자군 원정을 위한 격려, 도서 검열, 이단 재판 등을 관장하라는 명을 받아 '정통 신앙의 파수꾼'이라 불리기도 했지만, 이런 것이 이 수도회의 기본 정신과 부합되는 것은 아니었다.

프란체스코는 수도회 창시자로서뿐만 아니라 그리스도교 신비주의자로서 많은 사람들에게 사랑과 존경을 받은 인물이다. 부자 상인의 아들로 태어났지만, 신비 체험을 한 다음 모든 재산을 버리고 탁발승이 되었다. 그는 계시를 통해 "내 교회를 고치라"는 말씀을 듣고 처음에는 쓰러져 가는 교회를 수리하는 데 힘썼지만, 나중에 그것이 교회에서 사랑과 청빈의 복음을 다시 세우라는 명령이라는 사실을 깨닫고 주위에 몰려드는 사람들과 공동체를 만들어 함께 청빈과 기도 생활을 하며 나병 환자 등 불우한 사람들을 돌보는 일에 헌신했다. 짐승이나 새들과 의사소통을 할 정도로 친하게 지냈다고도 한다.

죽기 2년 전에는 그의 손발에 예수의 못 자국(stigmata)이 나타나기도 했다. "오, 주님 저를 당신의 평화의 도구로 삼아 주시옵소서" 하는 말로 시작하는 그 유명한 기도는 바로 그가 지은 것이다. 이 수도회는 주로 일반 서민들의 큰 호응을 받았다.

수도회는 거의 처음부터 남자들만을 위한 것이었지만, 나중에는, 프란체스코와 절친했던 클라라 수녀가 시작한 수도회 같은 여자 수도회도 생겨났다. 수녀들은 종교적인 삶을 사는 것과 더불어 봉사 기관, 학교, 병원 등에서 큰 도움을 주는 일을 해 왔다.

교황권의 쇠퇴와 중세의 종언

교황권은 13세기에 절정에 이른 뒤 14세기에 들어서면서 서서히 쇠퇴하기 시작한다. 여러 이유가 있겠지만, 무엇보다 교황권의 전횡이 심해지면서 각 지역에서 점점 증가하는 민족주의적인 정서를 그 이유 중 하나로 꼽을 수 있다. 특히 프랑스와 영국은 교황권의 영향으로부터 독립하려는 움직임이 강했다.

예를 들어 프랑스 왕은 교황과 정치적으로 대치하기까지 했으며, 이때 프랑스 성직자들은 교정 분리의 원칙을 내세워 왕의 편을 들었다. 교황은 자기의 권위가 없어져 가는 것을 막기 위해 "구원을 얻기 위해서는 로마 교황에게 순복하는 것이 절대적으로 필요함을 선언하노라"라는 등 엄격한 경고성 교서를 계속 발표했지만, 그럴수록 권위는 점점 더 떨어졌다.

이와 함께 15세기에 들어서면서 고대 그리스 철학자들의 저술들이 소개되어, 이른바 문예부흥(Renaissance) 운동이 일기 시작했다. 또 십자군들이 가지고 온 외부 세계에 대한 소식, 마르코 폴로·콜럼버스·마젤란 등 여행가들이 들려주는 생판 다른 세계에 대한 이야기, 상업의 발달로 외부 접촉이 빈번해지면서 새로이 밀려오는 정보 등으로 인해 지금껏 교황이나 성직자들이 일방적으로 강요하던 세계관이나 가치관, 나아가 일반적인 관행 등에 의문을 제기하게 되었다.

이에 따라 교회의 부조리를 지적하고 개혁하려는 지도자들이 등장한다. 16세기 '종교개혁'은 이러한 일련의 흐름에서 나온 결과라 할 수 있고, 종교개혁과 함께 중세의 위계를 중시하는 권위주의적인 시대는 지나고 개인주의와 평등, 자유를 중시하는 근대로 넘어온다.

4장

개혁, 개신교의 등장

—

• 뉴욕공립도서관에 소장된 15세기 『구텐베르크 성경』 인쇄본. 집 한 채 값을 호가하던, 성직자들의 전유물과 같던 필사본 성경이 각 나라말로 번역되어 마을로 또 가정으로 전파되기 시작했다.

✝

3장에서는 중세 그리스도교가 어떻게 전개되었는가를 중심으로 살펴보았다. 이제 중세가 지나고 근세로 들어오는 길목에서 일어났던 '종교개혁'과 이로 인해 생겨난 개신교의 여러 교파를 일별해 보기로 한다. 우리 주위에서 발견되는 그리스도교 교파들이 어떤 경로를 통해 발전했는가를 이해하는 데 도움이 될 것이다.

중세에는 그리스도교가 나름대로 신학적으로도 발전하고 신비주의로 인해 신앙이 심화되기도 했지만, 교회의 일반적인 상태가 바람직하지 못하다고 보는 이들이 점증했다.

특히 15세기에 인쇄술이 발달하자 성경을 직접 읽고 초대 교회와 그 당시 로마 가톨릭교회의 현실을 비교하면서 그런 불만이 더욱 확산되기 시작했다. 더구나 교회는 베드로 성당을 건축하는 등 여러 세속적인 일에 필요한 재정을 확보하기 위해 면죄부(indulgences)나 기타 돈이 될 만한 사업을 시작할 수밖에 없었는데, 이런 행태에 적극적으로 반대하는 사람들이 생겨났다. 영국 옥스퍼드의 성경 번역자 위클리프(John Wyclif, 1324?~1384), 보헤미아 사람 후스(Jan Hus, 1369?~1415) 등이 선구자였다. 그러나 이들은 모두 화형에 처해지는 등 교회를 개혁하는 데 성공하지 못했다.

마르틴 루터

이들과 달리 '적절한 시간, 적절한 장소'에 나타나 결정적인 영향을 미친 사람이 바로 독일의 젊은 신학자 마르틴 루터(Martin Luther, 1483~1546)였다. 그는 본래 법률가가 되려고 법을 공부하고 있었는데, 22세 되던 여름 어느 날 벼락이 떨어지는 것을 보고 너무 겁이 나서 살려만 준다면 사제가 되겠다고 서약을 했다. 그 뒤 아버지의 반대에도 불구하고 법 공부를 중단하고 아우구스티누스 수도원에 들어갔다.

2년 뒤 사제가 되고, 그 후에 다시 비텐베르크대학의 신학 교수가 되어 성경의 『시편』과 『로마서』, 『갈라디아서』 등 바울 서신을 가르쳤다. 그는 돈을 받고 면죄부를 파는 등 교회에서 하는 일이 자기가 성경을 연구하면서 발견한 가르침에 부합하지 않는 것들이 많다는 사실을 발견했다. 이를 조목조목 적어 1517년 10월 31일 그가 일을 맡아보던 비텐베르크 교회 문에다 붙였다. 이것이 그 유명한 '95개 조항(The Ninety-five Theses)'으로, 그것을 문에 붙이면서 박은 망치 소리가 그렇게 폭발적일 줄은 자신도 몰랐다.

루터는 면죄부로 죄가 사해지는 것이 아니라 바울이 『로마서』 1장 17절에 쓴 것처럼 '믿음으로 말미암아 의롭게 됨'을 강조했다. 교회가 믿음과 동시에 면죄부를 사는 것과 같은 선한 행위가 있어야 구원을 받는다고 가르친 데 반해 루터는 이른바 '믿음만으로(sola fide)'을 강조하고, 참된 믿음만 있으면 좋은 행위는 일부러 애쓰지 않아도 자연적으로 따라 나온다고 보았다. 그는 또 우리가 제사장을 통해서만 하느님께로 간다는 생각을 버리고 모두가 신에게 직접 나갈 수 있다는 것을 강조하는 '만인 제사장직

(the universal priesthood of all believers)'을 주장하기도 했다.

루터가 처음부터 교회와 결별하고 새로운 종파를 시작하겠다는 마음이 있었던 것은 아니다. 그러나 교리의 차이가 점점 커지고, 마침내 1521년에 출교를 당하면서 어쩔 수 없이 독자의 길을 갈 수밖에 없었다. 1529년 가톨릭 제후들이 장악한 슈파이어(Speyer) 의회에서 루터파에 대한 관용을 철폐하기로 한 결정에 저항(protest)했기 때문에 그의 개혁 운동을 프로테스탄트(Protestant) 운동이라 불렀다.

그는 신부들이 결혼할 것을 권장하고, 스스로도 수녀와 결혼해 다섯 명의 자녀를 두었다. 그는 진리가 교회의 전통이 아니라 '성경만으로(sola scriptura)' 입증되어야 한다고 성경의 권위를 확고히 했으며, 평신도들도 성경을 읽을 수 있도록 성경을 독일어로 번역하기도 했다. 이 독일어 성경은 독일어를 통일하는 데 크게 공헌하기도 했다. 루터는 교회 안에 철통처럼 자리 잡고 있던 권위와 위계질서를 무너뜨렸다는 의미에서 '현대성'의 문을 연 셈이기도 하다.

그의 개혁 운동은 독일의 대부분, 그리고 덴마크, 스웨덴, 노르웨이 등 스칸디나비아 제국과 에스토니아, 라트비아, 리투아니아 등 발트 제국으로 들어가고, 이런 나라들에서 북미로 이민 간 사람들과 함께 북미로도 퍼졌는데, 미국 위스콘신 주와 미네소타 주, 캐나다 온타리오 주에 많이 몰려 있다. 한국에도 미국 루터교 선교사들이 들어와 1960년대 '루터란 아워(Lutheran Hour)'라는 방송을 통해 알려지기 시작했고, 출판사 컨콜디아사(재단법인 한국루터교선교부유지재단)를 통해 활약을 계속하고 있다.

장 칼뱅

루터 이후에도 스위스의 개혁자 츠빙글리(Ulrich Zwingli, 1484~1531)를 비롯해 개혁자들은 계속 나왔다. 그중에서 가장 중요한 사람은 프랑스의 장 칼뱅(Jean Calvin, 1509~1564)이다. 프랑스 발음으로는 '장 칼뱅'이지만 한국에서는 영어식으로 '존 칼빈'이라 부르는 사람이 더 많다. 칼뱅도 신부가 되려다가 포기하고 법학을 공부하면서 고전학과 인문학에 열중하다, 결국 신학을 공부해 26세의 젊은 나이에 칼뱅주의 교단에서 성경 다음으로 중요한 책인 『그리스도교 강요(綱要)Christianae Religionis Institutio』[1]를 펴냈다.

이 책은 처음에 라틴어로 쓰였다가 프랑스어로 번역되었고, 그가 죽기까지 네 번 개정되었다. 그는 이 책에서 그리스도교의 가르침을 로마 가톨릭교에 의해 타락되기 전의 상태로 고치려고 했다. 그러나 사실 하느님의 주권, 원죄, 예정론 등 아우구스티누스의 사상을 많이 반영하고 있다. 아이러니한 것은, 앞에서 언급한 것처럼, 가톨릭 신학의 기초를 놓은 아우구스티누스의 사상이 루터와 칼뱅을 통해 오히려 프로테스탄트 신학의 초석이 되었다는 사실이다.

칼뱅의 가르침은 주로 하느님의 절대 주권에 의해 우리가 구원을 받을지 멸망할지가 예정되어 있다는 것, 그러나 우리는 선택받은 사람들이라는 것, 우리의 직업은 '소명(vocation)'이라는 것, 하느님의 동역자가 되어 열심히 일하고, 일한 대가를 받고, 그 돈을 함부로 쓰지 말고 좋은 일에 쓴다가 남에게 빌려 주고, 그 이자를 받는 것도 좋다는 것, 이렇게 근검절약하는 자주적인 삶이 선택받은 자의 표시라는 것 등이었다.[2]

칼뱅은 스위스의 제네바로 가서 목회를 했는데, 신이 모든 것을 다스린다는 이른바 신정(神政, theocracy)을 실시했다고 하지만 실질적으로는 칼뱅 자신이 그의 가혹한 형벌을 통해 그곳의 모든 일을 다스리는 통치자나 마찬가지였다.

그는 교회의 치리(治理)를 장로들을 통해서 하는 제도를 도입했다. 그의 가르침을 찾아 제네바로 왔던 많은 사람들은 그가 죽은 뒤 프랑스, 네덜란드, 독일, 영국, 스코틀랜드 등 유럽 각지로 가서 그의 가르침에 따른 교회를 설립했다. 프랑스에서는 위그노(Huguenot)가 되었다. 영국에 간 칼뱅파 중에는 영국 교회를 가톨릭의 영향으로부터 '청결'하게 지키겠다고 하다가 박해를 받아 네덜란드로 피해 간 사람들이 있는데, 그 가운데 일부가 1620년 메이플라워호를 타고 미국으로 간 '청교도들(Puritans)'이다. 스코틀랜드에서는 존 녹스(John Knox)의 지도로 이 교파가 국교(the Church of Scotland)가 되었다. 네덜란드와 헝가리에서는 '개혁교회(Reformed Church)'라 불리고, 기타 지역에서는 '장로교(Presbyterian Church)'라 불렸다. 교회에 감독이나 주교 같은 것 없이 장로들이 의사를 결정하도록 개혁된 교회이기 때문이다.

영국 교회

영국에서도 개혁이 일어났는데, 이는 주로 정치적인 이유에서였다. 물론 여러 복잡한 이유가 깔려 있겠지만, 적어도 표면적인 이유는 영국 왕 헨리 8세의 이혼 문제가 직접적인 원인이었다. 왕은 왕비와의 사이에 아들이 없자 왕비와 이혼하고 새 왕비를 맞으려고 교황에게 이혼을 허락해 줄

것을 요청했는데, 교황이 이를 거절했다. 그때까지 '믿음의 수호자'라는 칭함을 받던 영국 왕이지만, 교황의 거절을 무시하고 새 왕비를 맞아들인 다음 로마와의 관계를 청산하고, 1534년 스스로 영국 교회(The Church of England)의 수장이 되었다. 비록 로마 가톨릭과 분리되기는 했지만, 신부들의 결혼을 허락하는 일 외에는 교리나 예배 형식, 교회체제 등에서 가톨릭의 색채를 대부분 유지했다.

헨리 8세가 죽고, 둘째 부인에게서 난 그의 어린 아들 에드워드 6세가 왕이 되었는데, 이때 영국은 유럽 프로테스탄트 교회 쪽으로 기우는 경향을 보였다. 그러나 헨리 8세의 맏딸 메리가 여왕이 되자 다시 가톨릭을 옹호하면서 이단 박멸 운동을 펼쳤다. 이것이 그녀를 '피의 메리(Bloody Mary)'라고 부르게 된 이유다.

메리의 이복 여동생 엘리자베스 1세가 왕위에 오르면서 로마 교회가 그녀를 공식적으로 출교하자, 여왕은 로마 가톨릭 예배를 금하고 가톨릭을 박해하기 시작해 영국에 있는 교회들이 실질적으로 거의 모두 영국 교회가 되도록 했다. 영국 교회를 영어로 Anglican Church라고 하는데, 미국에서는 '영국'이라는 말이 거북하게 느껴졌는지 Episcopal Church라 한다. 한국에서는 '성공회(聖公會)'로 알려져 있다.

재세례파

재세례파들을 근본 개혁자(Radical Reformers)라고 하는데, 이들은 다른 종교개혁이 철저하지 못했기에 자기들만은 '뿌리'까지 들어가는 개혁을 한다고 주장했기 때문이다. 이들은 특히 어릴 때 세례를 받은 것은 아무것도 모르는 상태에서 받은 것이어서 무효이므로 성인이 되어 다시 세례를 받아야 한다고 주장했다. 여기에서 재세례파(Anabaptist)라는 말이 나왔다.

여기에 속하는 사람들로는 메노 시몬스(Menno Simons, 1496~1561)를 지도자로 한 메노나이트(Mennonites)파, 거기서 나온 야코프 후터(Jacob Hutter, 1536년 사망)를 지도자로 하던 후터라이트(Hutterites)파, 야코프 암만(Jacob Amman, 1644~1725)을 따르던 아미시(Amish)파 등이 있다. 이들은 대부분 북미로 이주했는데, 특히 후터라이트파나 아미시파는 자기들대로의 집단 거주지(colony)를 이루어 살고, 아직도 마차를 이용하는 등 옛날 생활방식을 그대로 지키며 살아가려고 노력한다. 메노나이트파는 현재 캐나다 매니토바 주 위니펙 부근에 많다.

기타 종파들

이왕 프로테스탄트 교파들 이야기가 나왔으니, 직접적으로 16세기 종교개혁의 영향으로 생긴 것은 아니지만 우리 주위에서 흔히 발견되는 종파들을 일별하고 지나가는 것이 좋을 것 같다.

| 청교도
영국에서 있었던 '피의 메리' 여왕의 종교 박해로 여러 곳으로 나가 살던 영국인들이 1558년 엘리자베스 여왕의 즉위와 함께 다시 영국으로 돌아왔다. 나가 살 동안 칼뱅파의 영향을 받았던 이들은 영국 교회 안에 잔재하는 가톨릭적인 요소를 못마땅하게 여겼다.

여러 예배 의식을 간소화할 뿐 아니라 교회도 '장로제'로 바꾸려고 했다. 이렇게 교회를 '청결'하게 하려 한다고 해서 '청교도'라는 이름이 붙었다. 결국 이들 중 더러는 영국 교회에 잔류하고, 다른 일부는 아주 분리되어 네덜란드로 이주했는데, 이들을 분리주의자(Separatists)라 한다.

영국 교회에 남아 있던 청교도들은 그 뒤 올리버 크롬웰(Oliver Cromwell) 장군의 지도로 청교도 혁명을 일으키는 등 우여곡절 끝에 1640년에 정권을 잡았다. 그들은 그 후 영국을 청교도 국가로 바꾸고, 교회를 청결하게 하기 위해 엄격한 행동 강령을 강제했다.

이 무렵에 생긴 것이 이른바 '웨스트민스터 고백(Westminster Confessions)'이다. 그러나 1660년 찰스 2세가 왕위에 오르고 영국 교회를 회복시킨 다음, 2년 후에 통일령(Act of Uniformity)을 제정해 청교도들은 영국 교회로부터 추방되었다. 이렇게 추방된 청교도들은 회중교(Congregationalists), 침례교(Baptists), 퀘이커교(Quakers), 장로교(Presbyterians), 유니테리언교(Unitarians) 등이 되거나 그들과 합류했다.

| 침례교

청교도 혁명이 일어나기 전에 네덜란드로 간 분리주의자 청교도들 중 일부는 암스테르담에 정착해서 살고 있었다. 그런데 그 지도자 존 스미스(John Smyth)는 옆에 살던 재세례파 메노나이트 교인들의 영향을 받고 성경에는 영아 세례가 없다는 것을 발견해, 스스로 성경대로 물에 잠기는 '침례'를 받고 자기 교인들 모두에게도 그런 침례를 주었다.

이들은 영국으로 다시 돌아와 1612년경에 영국 침례교회를 설립했다.

그 뒤 영국 각지로 퍼지고, 1639년 미국 로드아일랜드에 침례교회를 설립함으로써 미국 각처로, 특히 남부로 많이 퍼졌다. 현재 미국 남침례교회는 미국 개신교파 가운데 가장 크다. 유명한 전도자 빌리 그레이엄 같은 이들이 속한 교회다. 미국의 전 대통령 지미 카터도 이 교파에 속했으나 몇 년 전 교회가 "남자는 여자의 머리이므로 여자는 남자에게 순복해야 한다"는 공식 입장을 채택한 데 반대해 교회를 떠났다.

| 회중교

네덜란드로 갔던 분리주의자 청교도들 중 다른 일부가 교회의 머리는 그리스도이므로 감독이나 장로 등 특별한 머리들을 둘 필요가 없고, 그리스도와 하나 된 모든 회중이 다 참여해서 의사결정을 해야 한다고 주장했다. 이들 가운데 일부는 영국으로 돌아가고 다른 일부가 1620년에 메이플라워호를 타고 미국으로 건너간 '필그림(순례자)'들로서, 이들이 세운 교회가 회중교회다.

　　이들을 선두로 영국에 있던 다른 청교도들도 미국으로 건너가 로드아일랜드만 제외하고 뉴잉글랜드 지방이 모두 회중교회의 영향 아래 들어간 뒤 약 200년 동안 미국 동북부 지방에서 실질적으로 국교의 역할을 담당했다. 자기들의 목회자를 양성하기 위해 하버드대학, 예일대학 등을 세우기도 했다.

| 퀘이커교

이들의 공식 명칭은 '종교친우회(Religious Society of Friends)'로, 영국인 조지 폭스(George Fox, 1624~1691)에 의해 시작된 종교 단체다. 그는 1646년 자

신의 종교 체험에 입각해서 교회의 형식이나 십일조 제도 등에 반대했다. 종교란 교리체계를 받아들이는 것도 아니고, '뾰족당(steeple-house)'에 가서 직업적인 신부가 읽어 주는 설교나 기도를 듣는 것도 아니며, '내면의 빛'으로 밝아짐의 체험을 하는 것이라고 주장했다. 모든 인간은 이런 체험을 할 가능성을 지니고 있다는 점에서 모두가 동등한 '친구(friends)'라 했다.

퀘이커들은 이런 가르침과 그에 따르는 행동 때문에 투옥 등 박해를 받다가 윌리엄 펜(William Penn, 1644~1718)이 지도자가 되면서 1681년 찰스 2세로부터 미국의 땅 일부를 하사받고 그곳으로 대거 이주했다. '펜실베이니아'는 '펜의 숲'이란 뜻이고 주의 별명은 'Quaker State'이며, 필라델피아(Philadelphia, 형제 우애)라는 도시가 생긴 것도 퀘이커 교도들과의 관계 때문이다.

이들의 모임에는 목사나 신부가 따로 없이 모두가 침묵하는 가운데 앉아서 '내면의 빛'을 기다리는 예배를 드리다가 영감이 오면 조용히 발언해서 다른 이들을 위해 섬기는 자(minister)가 된다. 이들은 미국에서 노예 제도를 반대하는 데 앞장섰고, 평화 운동이나 감옥 개선 등 사회봉사 활동에도 적극적이어서 노벨평화상을 수상하기도 했다. 한국에서도 초기에 함석헌 선생을 중심으로 모이던 모임이 지금껏 이어지고 있다.

| 감리교

영국 교회(성공회) 신부의 열다섯째 아들이었던 존 웨슬리(John Wesley, 1703~1791)는 옥스퍼드대학 재학 시절 그의 동생 찰스 웨슬리(Charles Wesley, 1707~1788)와 함께 '신성 클럽(Holy Club)'이라는 작은 모임을 만들고, 일정한 '방법'을 통해 하느님의 임재를 직접 체험하려고 노력했다. 그들은 '회심(conversion)'을 통해 사물을 보는 안목과 삶 자체가 바뀌는 것을 체험할 수 있었다. 옥스퍼드에 있던 그의 동료들은 그들을 '절도주의자 (Methodists)'라 부르며 놀렸다.

1735년 존 웨슬리는 미국 조지아로 전도 여행을 떠났다. 그는 가는 도 중에 배 위에서 모라비아 형제단(Moravian Brethren) 사람들을 만나 그들에 게서 '회심'의 중요성을 배웠다. 웨슬리는 전도 여행을 마치고 런던으로 돌아가서 스스로 이런 회심의 경험을 하고, 자기의 경험을 주위 사람들에 게 전하기 시작했다.

웨슬리 자신은 물론 영국 교회를 떠날 마음이 없었다. 그러나 그의 열 성적인 전도로 그를 따르는 사람들의 수가 엄청나게 늘어나면서 자연히 하나의 교파로 독립하게 되었다. 그가 죽을 때 그를 따르는 이들이 영국에 만 7만 명이나 되었고, 더욱이 미국에서의 성장은 그것과 비교할 수도 없 으리만큼 엄청났다. 감리교(Methodist Church)는 미국에서 침례교단 다음으 로 큰 교단으로 발전했다.

지금까지 소개한 종파들은 모두 유럽에서 생긴 교파들인 데 반해 이 제부터 살펴볼 모르몬교, 안식일교, 여호와의 증인교는 모두 미국에서 생 겨난 '미국산' 교회들인 셈이다. 세 교파의 공통점은 모두 종말이 임박했 다는 종말관에 기초해서 생긴 점이다. 세 교회 모두 문자주의를 고수하고, 물에 잠기는 침례를 주장한다.

| 안식일교
19세기 초반 미국 동북부 지방에서는 예수가 곧 재림한다고 믿고 가르치는 '재림 운동'이 활발했다.

그 대표자가 침례교의 평신도 윌리엄 밀러(William Miller, 1782~1849)였다. 그는 종말론자들이 으레 그런 것처럼 히브리어 성서의 『다니엘서』와 신약 성경의 『계시록』을 연구하고, 거기에 나오는 숫자들을 계산해서 예수가 1843년 3월 21일에서 1844년 3월 21일 사이에 재림한다고 예언했다. 그러다 예언이 빗나가자 재림 시기를 다시 1844년 10월 22일로 연기했다. 그러나 그 예언도 빗나갔다. 많은 사람들이 실망하고 떠났지만, 끝까지 남은 사람들이 모여 '제칠일안식일예수재림교(Seventh-day Adventist Church)'를 세웠다.

이들의 주장에 의하면, 밀러가 계산한 날짜에는 실수가 없었다고 한다. 단 그날이 예수가 지상으로 재림하는 날이 아니라 하늘 지성소에 들어가서 죽은 자와 산 자를 조사하는 '조사 심판'을 시작하는 날이었다는 것이다. 일단 이 조사 심판을 끝내면 곧 이 세상으로 다시 올 것이라고 믿었다.

이 교파는 엘렌 화이트(Ellen G. White, 1827~1915)라는 여자를 말세를 위한 하느님의 예언자로 믿고, 그의 저술은 특별히 영감을 받아 쓴 '예언의 선물'로 받든다. 그는 세상 역사를 선악의 '대쟁투'로 보고, 앞으로 다른 교파들은 모두 가톨릭을 중심으로 종교 연합을 구성해서 결국 하느님의 '남은 백성들'인 자기들을 대적할 것이라고 예언했다.

이들은 토요일을 안식일로 지키고, 이것이 말세에 하느님의 백성인가 사탄의 추종자인가를 분별하는 유일한 기준이라고 여긴다. 『레위기』에 있는 유대인들의 음식 규정을 그대로 준수하고, 지금은 채식을 권장한다. 교파 내 학자들 사이에 성소 교리 등을 수정해야 한다고 주장하는 이들이 나오고 있다. 한국에도 들어와서 위생병원(현재 삼육의료원), 삼육대학, 시조사, SDA 영어학원 등을 운영하고 있다.

| 여호와의 증인교

창시자 찰스 러셀(Charles Taze Russell, 1852~1916)도 윌리엄 밀러의 재림 운동에 영향을 받았다. 그러나 그는 안식일 교회에 가담하지 않고 자기대로 성경을 해석해서 성경에 예언된 '진로의 날'이 1914년에 시작될 것이라고 선포하고, "1914년을 주시하라"고 외쳤다. 1914년에 예수가 보이지 않는 능력으로 재림해서 하느님의 나라를 시작했다고 하고, 이미 시작된 하늘나라가 아직 완성되지 않았을 뿐이라고 주장했다. 하느님 나라의 완성도 조만간 이루어질 것이라고 했다. 완성되리라는 해도 1918년, 1920년, 1925년, 1941년, 1975년 등 여러 번 지정되었다. 아무튼 그날이 오면 악의 세력은 완전히 소멸되고 여호와의 증인들이 증언한 진리를 받은 사람들만 살아남아 새로 회복된 지상 낙원에서 살게 된다고 한다. 특히 특별한 무리 14만 4000은 하늘에 가서 하느님과 영원히 사는 특권을 누린다고 한다.

이들은 예수가 하느님이라는 교리를 거부한다. 예수는 하느님이 아니라 그의 처음 피조물, 그의 첫아들이라는 것이다. 다른 그리스도교 교파들은 삼위일체나 영혼 불멸 등을 비롯해 성경에 없는 잘못된 진리를 가르치기 때문에 모두 '거짓 종교들'이라고 주장한다.

이들은 《깨어라Awake!》 또는 《워치타워Watch Tower》라는 책자를 들고 집집마다 방문하거나 길모퉁이에 서 있는데, 모든 교인이 자원봉사자로 일한다. 병역 거부, 수혈 거부, 투표 거부, 국기에 대한 경례 거부, 공직 거부, 크리스마스 지키기 거부 등으로 많이 알려져 있다. 제2지도자에 의해 채택된 공식 명칭이 '여호와의 증인(Jehovah's Witnesses)'이었다.

| 모르몬교

모르몬교의 정식 명칭은 '예수 그리스도 후기 성도(The Church of Jesus Christ of Later-Day Saints)'로, 미국에서 생긴 교파들 중 수적으로 가장 크다. 창시자는 조셉 스미스(Joseph Smith, 1805~1844)다. 스미스는 뉴욕 주에 살았는데, 당시 그 부근에는 많은 교파가 난립해 있었다. 그는 어느 교회에 다닐까 고민하다가 1822년 어느 날 계시를 받았다. 모로니 천사가 나타나 아무 교회에도 가지 말고, 하느님의 말씀이 적힌 금판(金版)을 보라고 했다. 1년이 지나 뉴욕 주 맨체스터에서 땅에 묻힌 금판을 캐내어, 거기 적힌 '개정된 이집트 상형문자'를 우림과 둠밈이라고 하는 두 보석의 힘을 빌려 판독, 번역해 냈는데, 그것이 바로 『모르몬경』이라고 한다. 그 금판은 천사가 회수해 가 버려 지금은 볼 길이 없다.

스미스는 하느님의 나라가 곧 미국에 임한다고 선포했다. 1년 사이에 1000명 정도의 추종자를 얻었지만, 박해 때문에 추종자들을 데리고 처음에는 오하이오 주로 옮겼다가 거기서 다시 새 예루살렘의 도읍지라고 여겨진 미주리 주로 옮겼다. 그리고 거기서 다시 일리노이 주로 옮겼는데, 그곳에서 결국 스미스는 분노한 폭도들에 의해 죽임을 당했다. 스미스가 죽은 뒤 교회는 둘로 갈라졌는데, 그중 큰 쪽이 제2지도자 브리검 영(Brigham Young, 1801~1877)의 인도 아래 유타 주 솔트레이크시티로 옮겨 오늘에 이르고 있다. 모르몬교는 일부다처제였지만 1890년 법에 의해 이를 포기했다. 검정색 정장을 하고 가슴에 명찰을 단 젊은이들이 둘씩 거리를 다니며 전도하는 것을 보면, 예외 없이 모르몬교 선교사들이다. 이들은 두

명이 한 팀을 이루어 2년간 북미나 다른 나라로 가서 전도할 의무가 있다.

미국에 세워질 하느님의 나라에는 오직 모르몬의 침례를 받은 사람만 들어갈 수 있다. 죽은 사람도 침례를 받을 수 있기 때문에 죽은 조상이 누군가를 알아내어 그들에게도 침례를 받도록 하기 위해, 세계에서 가장 잘 된 족보 도서관을 가지고 있다. 특별히 성직자 없이 모든 남자가 제사장 역할을 하도록 되어 있다. 성경 이외의 경전을 받드는 것, 여성의 지위, 종교적 배타성 등으로 논란의 대상이 되기도 한다. 모르몬 태버내클 합창단이 유명하다. 미국에는 여러 분야에 저명한 모르몬교 신도들이 있는데, 2012년 11월에 있었던 미국 대통령 선거에서 공화당 대통령 후보였던 전 매사추세츠 주지사 미트 롬니가 그 대표적인 예라 할 수 있다.

가톨릭의 반동 개혁

프로테스탄트 교회가 개혁을 부르짖으면서 가톨릭교회에서 분리해 나가 새로 교회를 세우는 동안 가톨릭교회 내에서도 이에 대처하려는 움직임이 생겼다. 이를 '반동 종교개혁(Counter-Reformation)'이라 한다. 1545년부터 시작한 트렌트(Trent) 공의회에서 프로테스탄트 교회에 화해하는 쪽으로 갈까 아니면 강공(强攻)으로 갈까 의논을 했는데, 결국 강공으로 갈 것을 주장하는 사람들의 의견이 채택되었다.

종교개혁자들이 '성경만으로(Sola Scriptura)'라고 주장한 것에 반해 진리의 근원으로 교회의 '전통'도 성경과 똑같이 중요하다고 결의했다. 성경을 해석할 수 있는 권리는 로마 가톨릭에만 있음을 선언하기도 했다. 대부분의 종교개혁자들이 성례(聖禮, sacraments)를 성만찬과 세례 두 가지로 간소화한 데 반해 가톨릭은 견진, 성체, 고해, 종부, 신품, 영세, 혼배의 일곱 가지 성례를 공식화했다. 그 외에도 개혁자들이 반대하는 가톨릭의 전통적인 가르침을 모두 강화하거나 그대로 확인했다.

이때 가톨릭교회에서 생긴 또 한 가지 중요한 반응은 스페인 출신 이그나티우스 로욜라(Ignatius Loyola, 1491~1556)에 의해 설립된 예수회(Jesuits)의 출현이다. 로욜라는 군인으로 전투에서 부상을 당하고 요양을 하던 중 그리스도의 생애에 대한 책을 읽고 예수를 위한 군병이 되기로 결심했다. 그 뒤 『영적 훈련Spiritual Exercises』이라는 자기 성찰과 명상을 위한 안내서를 썼다. 파리대학에 가서 신학을 공부하며 동료 학생들에게 이 책을 보였는데, 나중에 선교사로 인도와 일본에까지 간 프란치스코 사비에르(Francisco Xavier, 1506~1552)도 그의 동료였다.

로욜라와 그의 동료들은 로마로 가서 1540년에 교황으로부터 예수회 설립 허가를 받았다. 예수회는 특히 학문 연구와 선교의 중요성을 강조해, 여러 나라에 선교사로 가서 교육에 열중했다. 중국에 선교사로 갔던 유명한 마테오 리치(Matteo Ricci, 1522~1610)도 예수회 회원이었고, 서울의 서강대학교도 예수회에서 세운 교육 기관이다.

가톨릭교회는 그 외에도 1854년 마리아의 어머니가 마리아를 잉태하는 순간 마리아는 원죄에서 벗어났다고 주장하는 무구수태(無垢受胎, The Immaculate Conception)설, 1869년에 열린 제1차 바티칸 공의회에서 교황이 교리와 윤리 문제를 공식적으로 공언할 경우(ex cathedra) 오류가 있을 수 없다고 하는 교황무오설(papal infallibility), 1950년 마리아가 죽어서 영혼만이 아니라 육체를 가지고 승천했다는 육체승천(bodily assumption)설 등을 공식화했다.

그러다가 1958년 교황 요한 23세가 교회를 이끌기 시작하면서 그는 1962년부터 1965년까지 열린 제2차 바티칸 공의회를 소집하고, 이처럼 프로테스탄트 교회나 동방교회와 어긋나는 방향으로만 가는 가톨릭교회를 화해와 공존의 방향으로 돌리는 혁명적인 교회 쇄신(刷新)을 단행했다. 그 가운데 중요한 몇 가지를 들면, 가톨릭이 아닌 그리스도인들도 '진정한 그리스도인'이라는 것, 유대인들이 예수의 죽음에 책임이 있는 것이 아니라는 것, 교회 밖에도 구원이 있다는 것, 금서 목록을 철폐한다는 것, 힌두교와 불교 등 세계 여러 종교와 대화 관계를 갖자는 것 등을 공식적인 교회 입장으로 채택한 것이다.

이것은 가톨릭교회 역사상 가장 큰 변화라 할 수 있다. 그러나 요한 23세가 죽고 그 뒤를 이은 교황 바오로 6세, 그리고 요한 바오로 2세는 제2차 바티칸 공의회에서 채택된 개방적이고 진취적인 정책을 성실히 반영하거나 이행하지 못했다는 평을 받고 있다. 예를 들어 사제가 모자람에도 불구하고 1987년 미국 주교들이 건의한 여자 사제 안수 제도를 거부하고 있다. 이들 뒤를 이어 교황이 된 베네딕토 16세도 교리적으로 상당히 보수적인 입장을 취했는데, 종신직인 교황직을 사임하고, 2013년 프란치스코 교황이 그 뒤를 이었다. 프란치스코 교황은 여러 가지로 지난 교황들과 달리 진보적인 입장을 드러내고 있다.

이와 같이 우리 주위에서 만날 수 있는 그리스도교 교파들의 족보를 대략 훑어보았다. 한 가지 지적하고 싶은 것은, 불교에도 종파들이 있지만 이런 '종파'와 그리스도교 '교파'는 그 성격을 약간 달리한다는 사실이다.

중국에서 수(隋)·당(唐) 시대를 통해 삼론종, 법상종, 천태종, 화엄종, 선종, 정토종 등의 종파가 나타났지만, 적어도 이들이 생겨날 당시에는 서로 배타적인 경향은 별로 없이 이른바 소의경(所衣經)에 따라 자연스럽게 각각의 종파들이 형성되었다는 것이다. 예를 들어, 『화엄경』을 좋아하던 사람들이 그 경을 중심으로 모여 화엄종을 형성하는 경우와 같은 것이다.

이런 의미에서 중국의 종파는 학파(學派)에 더 가깝고, 이런 이유로 영어로 화엄종을 Hua-yen 'School'이라 한다. 그러나 그리스도교의 경우 16세기 이후 『시편』을 좋아하는 사람들이 '시편교'나 『요한복음』을 좋아하던 사람들이 '요한교'를 만든 것이 아니라, 주로 교리나 정치적인 이유로 대립 관계를 이루면서 각각의 교파들이 생겨났다. 그리스도교의 이런 교파들 중 상당수는 타종교에 구원이 없다고 믿는 것은 물론, 같은 그리스도교 안에서도 자기네 외의 다른 교파에는 구원이 없다고 주장하는 극단적인 교파도 더러 있다.

다음 장에서는 그리스도교가 근세에 와서 어떤 형태로 발전했는가를 보고, 마지막으로 오늘의 그리스도교가 어떤 모양으로 바뀌고 있는가를 살펴보기로 한다.

5장

근대, 근본주의의 등장

—

• 미국 침례교 목사인 빌리 그레이엄은 개신교 역사상 가장 많은 사람들에게 설교한 복음주의자이다. 그는 '성경무오설'을 바탕으로 예수와 성경의 권위를 강조했다.

앞 장에서는 15세기에 일어난 종교개혁과 그로 인해 출현한 개신교의 여러 교파를 살펴보고, 종교개혁에 대한 반동으로 생겨난 가톨릭 내에서의 반동 개혁 운동에 대해 언급했다. 여기서는 17세기 이후부터 20세기 중반에 이르기까지 그리스도교 전통에서 생긴 몇 가지 사건과 그 뜻을 살펴보기로 한다.

근대정신의 출현

서양에서 근대성(modernity)이라는 것은 16세기 종교개혁 이후 몇 세기를 거치면서 점진적으로 형성된 일종의 새로운 정신 발달사적 산물이라 할 수 있다. 근대성을 촉진시킨 세 가지 커다란 요인을 들라면, 르네상스와 과학의 발달과 계몽주의라 할 수 있다. 이 같은 요인에 의해 촉발된 근대정신이 그리스도교 발전에 어떤 영향을 끼쳤는가?

| 르네상스

르네상스는 말 그대로 고대 그리스와 로마의 문예를 '부흥'시키려는 운동이었다. 의도적으로 그리스도교의 전통을 단절하려는 뜻은 없었지만, 그리스·로마의 문예를 강조한다는 것 자체가 중세 그리스도교 문화를 무의식적으로나마 비판하는 셈이었다. 이런 초기의 무의식적인 비판이 그 도를 더해 가다가 결국은 중세의 스콜라 신학을 드러내 놓고 비판하기에 이른다.

르네상스 운동의 선두 주자라 할 수 있는 네덜란드의 에라스뮈스(Erasmus, 1466~1536)의 저서에서 볼 수 있듯이, 르네상스는 지금까지 신에게 쏠렸던 관심을 인간에게 향하도록 했다. 인간은 원죄를 쓰고 나온 존재로서 신의 용서를 받아야 할 처지라는 생각을 뒤로하고, 인간의 가능성과 성취를 강조하기에 이른다. 마르틴 루터가 '의지의 속박'에 관한 책을 쓴 데 반해 에라스뮈스는 자유 의지를 강조하는 책을 낸 것이 그 뚜렷한 예라 할 수 있다.

르네상스는 인간의 삶을 사후의 삶에 대한 준비 단계에 불과한 것이라 보지 않고, 지금 여기서 풍요로운 삶을 즐겨야 하는 것으로 여겼다. 인간은 더 좋은 미래를 가질 수 있다는 생각이 퍼지면서 토머스 모어(Thomas More)의 『유토피아Utopia』 같은 책들이 나타났다. 그 외에 미술, 조각, 건축, 문학 등을 통해 이런 인간 중심적인 사고를 표출하기도 했다. 교육을 비롯해 문화의 여러 분야에서 교회의 통제로부터 해방되는 세속화의 과정이 시작된 셈이다.

| 자연과학의 발달

16세기 이전까지는 모두 우주가 신과 천사들이 거처하는 하늘과 인간이 사는 땅, 그리고 마귀와 그 부하들이 거하는 땅속이라는 3층 구조물이라 믿었다. 우리가 보는 파란 하늘은 지구의 지붕이면서 동시에 신이 거처하시는 하늘의 마룻바닥인 것으로 알고 있었다. 또 움직이지 않고 고정된 지구를 중심으로 해, 달, 별이 주기적으로 돈다고 생각했다.

그러나 1543년 폴란드의 천문학자 코페르니쿠스(Nicolaus Copernicus, 1473~1543)가 『천체의 회전에 관하여』라는 책을 내면서 이런 천동설이 흔들리기 시작한다. 마르틴 루터는 물론 에라스뮈스 같은 르네상스 지도자도 새로이 등장하는 자연과학의 발견을 비웃었지만, 레오나르도 다빈치(Leonardo da Vinci, 1452~1519)같이 과학적 탐구를 좋아했을 뿐만 아니라 스스로 과학자이자 공학도였던 사람도 등장했다.

코페르니쿠스가 수학적으로만 주장했던 지동설을 17세기에 갈릴레이(Galileo Galilei, 1564~1642)는 그 당시 새로이 만든 망원경 관찰을 통해 실질적으로 증명했다. 교황청은 갈릴레이에게 지동설을 취소하라고 명했다. 그때는 지구도 교황청의 허가 없이는 돌 수가 없었던 셈이다. 갈릴레이는 지동설을 취소하겠다고 약속하고 밖으로 나오면서 "그래도 지구는 돈다"고 했다는 이야기는 유명하다. 갈릴레이는 1633년 결국 파문되고, 그의 저술은 케플러(Johannes Kepler), 코페르니쿠스의 저술과 함께 금서 목록에 포함되었다. 1822년에야 가톨릭교회는 지구가 돈다는 지동설을 정식으로 인정했고, 1966에는 이런 저서들을 금서 목록에서 해제했다. 1992년 교황청은 갈릴레이의 파문을 공식적으로 취소하고 그를 복권시켰다.

이런 억압에도 불구하고 '천재의 세기'라고 불리는 17세기에 들어서면서 자연과학적 지식은 놀랄 정도로 증가했다. 데카르트(René Descartes, 1596~1650)와 베이컨(Francis Bacon, 1561~1626)이 과학적 방법의 중요성을 이론적으로 확립했으며, 이어서 뉴턴(Isaac Newton, 1642~1727)이 만유인력의 법칙을 들고 나오면서 '뉴턴의 시대' 또는 '이성의 시대'가 만개했다. 모든 것을 이성적으로 생각하고 방법론적 '의심'을 통해 이를 객관적으로 관찰하고 실험해서 입증하는 과학적 방법이 보편화된 것이다.

이와 함께 19세기에 들어오면서 진화론이 등장했다. 중세 대부분의 정통 그리스도인들은 성경에 쓰인 것처럼 우주와 그 안의 모든 것이 약 6000년 전 신의 말씀에 의해 6일 동안 '창조'되었다고 믿었다. 그런데 찰스 다윈(Charles Darwin, 1809~1882)이 1859년 『종의 기원*The Origin of Species*』을 발표하면서, 생물들이 오랜 시간을 통해 지금의 상태로 '진화'된 것이라고 주장한 것이다. 이전에 성경에 기록된 대로의 지구 중심설에 대한 믿음이 코페르니쿠스와 갈릴레이의 지동설로 흔들렸는데, 모든 생명이 진화했다고 주장하는 진화론은 정통 그리스도교의 입장에서 설상가상인 셈이었다.

| 계몽주의

과학 혁명에 뒤이어 18세기에 꽃핀 계몽주의(Enlightenment)는 이성(理性)의 세기가 낳은 산물이라 할 수 있다. 정치, 경제, 종교, 철학, 도덕, 음악, 건축, 문학 등 모든 문화 영역에서 합리성을 최고의 가치로 여기게 된 것이다. '자유, 평등, 박애'를 기치로 내세운 프랑스 혁명은 종교적 전통이 모시는 신 대신에 '이성의 여신'을 옹위한 셈이다. 미국의 독립선언서와 헌법도 이런 이성의 기초에서 태어났다. 르네상스와 마찬가지로 인간의 무한한 가능성과 자유를 강조하지만, 계몽주의는 처음부터 종교적 신념을 배격하고 이성을 통해 독립적으로 사물을 보려고 했다. 구체적으로 자연과학이나 과학적 방법을 통해 인류 문화가 발전할 수 있고, 이에 따라 인간의 행복도 증진될 수 있다는 낙관적인 믿음을 가지고 있었다.

계몽주의 사상가의 대표로 독일의 철학자 임마누엘 칸트(Immanuel Kant, 1724~1804)를 들 수 있다. 그는 『이성의 한계 내에서의 종교』라는 책을 통해 전통 종교에서 가르치는 신의 섭리라든가 기적 같은 초자연적인 현상을 상정하지 않고, 오로지 인간의 윤리적 필요에 의한 '요청'으로서의 종교를 창출해야 한다고 주장했다. 신이라든가 내세, 불멸 등은 이성으로는 알 수 없는 영역이므로 순수 이성으로는 어쩔 수 없고, 이런 것을 상정하지 않으면 인간의 윤리적인 삶이 불가능해지므로 '실천적 요청'에 의해 이런 것을 받아들이자고 주장했다.

이신론과 경건주의의 출현

18세기까지 이런 역사적인 과정을 거치면서 과학과 종교의 충돌을 피하려는 노력이 생겨났는데, 첫째가 이신론이고 둘째가 경건주의였다. 이신론(理神論, Deism)은 신이 세상을 창조하고 나서 이제 우주의 뒤안길에 물러나 있다는 생각이다. '궐석 신(absentee God)'인 셈이다. 마치 자동시계를 만든 사람이 일단 시계를 만들어 놓고 시계가 그냥 돌아가게 한 것과 같이, 신도 세상을 만든 다음 스스로 돌아가게 해 놓았다는 것이다. 세상은 신의 직접적인 조작이나 간섭 없이 자연법칙에 따라 저절로 굴러간다는 것이다. 따라서 인류의 역사나 개인의 문제에 신이 섭리나 기적을 통해 직접 개입하는 일이 없다고 주장했다. 창조주의 개입이 없는 세계는 오로지 이성으로 연구할 대상이라 보았다.

이제 인간이 해야 할 일은 이성을 통해 자연법칙을 발견하고, 발견한 법칙에 맞추어 살고, 이를 통해 행복을 증진하는 것이다. 뉴턴 같은 과학자를 비롯해 미국 건국의 초석을 놓은 벤저민 프랭클린(Benjamin Franklin), 토머스 제퍼슨(Thomas Jefferson) 등 18세기 많은 지성인들과 과학자들이 이런 이신론적 사고를 가지고 있었다. 모두 이런 이론이야말로 극히 논리적이므로 이런 생각을 받아들이는 것이 그리스도교를 미신으로부터 구하는 길이며, 이를 통해 '그리스도교의 합리성(reasonableness of Christianity)'이 드러난다고 생각했다.

그러나 이신론은 그리스도교에서 발견되는 모순과 부조리에 대한 일종의 철학적 해결책이기는 하지만, 많은 사람들에게 이런 철학적이고 합리적인 설명은 화끈한 종교적 열정을 불러일으키기에는 부족한 것으로 보였다. 이성에만 의존하기에 종교의 체험적이고 신비적인 차원 같은 것은 소홀히 하는 등 종교로서는 뭔가 모자란다고 생각했다. 좀 더 뜨겁고 신비스러운 차원을 요구하는 사람들이 생겼고, 이런 요구에 응해서 탄생한 것이 이른바 경건주의(敬虔主義, Pietism) 운동이다.

경건주의의 시초는 17세기 독일 루터교 계통에서 일어난 새로운 개혁 운동으로 거슬러 올라갈 수 있다. 처음에는 산업혁명으로 도시화가 진행되면서 메마른 도시 생활에 염증을 느낀 많은 사람들이 도시로 오기 전 시골 생활에서 경험했던 경건한 종교적 분위기를 그리워하고, 동시에 도시 생활 전반에서 발견되는 도덕적 해이, 세속화, 형식주의 같은 것까지 못마땅하게 생각하면서 싹튼 종교 운동이었다. 이들이 바라는 것은 냉랭

한 이성적 교리가 아니라 가슴을 뜨겁게 하는 감정적 체험이었다. 이신론적인 설명으로는 이와 같은 그들의 종교적 필요에 부응할 수 없었다.

이런 경건주의 운동은 성경 중심의 믿음, 죄의식과 용서받음, 개인의 회심, 단순한 삶에서 찾을 수 있는 성결의 실천, 다른 사람들에 대한 관심 등을 강조했다. 이 같은 경건주의 운동은 18세기 기존의 여러 교회에 영향을 미치고, 또 새로운 종파를 형성하기도 했는데, 그중 하나가 앞에서 살펴본 존 웨슬리의 감리교였다.

근본주의의 등장

18세기 계몽주의를 거쳐 19세기에 들어오면서 천문학, 생물학, 철학, 역사학, 문헌학, 사회학, 심리학 등 본격적인 학문이 발달했다. 특히 헤겔(Georg Wilhelm Friedrich Hegel), 루트비히 포이어바흐(Ludwig Andreas Feuerbach), 프리드리히 슐라이어마허(Friedrich Ernst Daniel Schleiermacher), 칼 마르크스(Karl Heinrich Marx), 지그문트 프로이트(Sigmund Freud), 프리드리히 니체(Friedrich Wilhelm Nietzsche) 등의 사상가가 등장하고, 자유주의와 휴머니즘이 정신계에 큰 영향을 미쳤다.[1] 이에 더해서 성서를 이른바 '역사 비판적 연구 방법'을 통해 보려는 시도가 왕성해졌다. 성서는 하늘에서 내려온 하느님의 직접적인 계시의 말씀을 받아 적은 책이 아니라, 여러 저자에 의해 특수한 환경과 필요에 따라 기록된 역사적 산물의 집합물이라는 주장이 나온 것이다.

상당수의 그리스도인들은 이런 학문의 발전이나 발견을 환영하고 받아들였지만, 일부 그리스도인들은 이렇게 끊임없이 다가오는 진보의 물결을 그리스도교에 대한 도전으로 생각하고 위기를 느낄 수밖에 없었다. 특히 미국에 있던 그리스도인들 중 더러는 이런 도전에 대응하기 위해 1910년 그리스도교 신앙의 『근본: 진리의 증언Fundamentals: A Testinomy of Truth』이라는 일련의 책자를 발간하고, 이런 자유주의적인 사고에 대항해서 다음과 같은 다섯 조항만은 무슨 일이 있어도 사수해야 하는 그리스도교의 '근본'이라고 주장했다. 그 다섯 가지는 ①성경이 문자적으로 틀림이 없다는 성경무오설, ②예수가 문자 그대로 처녀에게서 태어났다는 동정녀 탄생설, ③예수가 인간을 대신해 피를 흘리셨다는 대속설, ④예수가 죽음에서 몸을 가지고 살아났다는 육체 부활설, ⑤예수가 장차 영광 중 다시 오리라는 재림설 등이었다.

이렇게 '근본'을 강조한다는 이유로 이들을 일컬어 그리스도교 '근본주의자들(Fundamentalists)'이라 했다.[2] 이들은 이런 다섯 가지 근본 조항을 의심하지 않고 무조건 받아들이는 것이 바로 '믿음'이라 보았다. 그들이 말하는 '믿음'이란 결국 '믿을 수 없는 것을 사실로 받아들이는 맹신'에 다름 아니라고 비판하는 이들도 있다. 지성의 희생을 강요하는 일이라는 것이다.

1942년 전미복음주의협의회(National Association of Evangelicals)가 형성된 이후에는 이들 근본주의자들의 극보수주의적인 태도를 약간 완화하면서 스스로를 '복음주의자(Evangelicals)'라 칭했다. 이들 중에는 '성령 받음'이나 개인적으로 '거듭남'을 강조하는 사람들이 많아, 이들을 흔히 '카리스마(charismatic)' 또는 '거듭난(born-again)' 그리스도인이라 하기도 한다. 무슨 이름으로 부르든 같은 보수적인 성향을 나누고 있다는 데는 별로 다를 바가 없다.

근래에는 이들 근본주의자들 중 일부가 '성경 말씀대로' 세상이 '창조'되었다는 것을 과학적으로 증명하겠다며 이른바 '창조 과학(creation science)'이라는 것을 창안하고, 이를 일반 학교에서도 가르쳐야 한다고 주장하기도 한다. 물론 일반 과학자들은 이런 창조과학자들이 주장하는 것은 과학적인 증거보다도 어디까지나 믿음에 근거한 것일 뿐 과학일 수 없다고 비판한다. 최근 미국 근본주의자들은 낙태, 여성 목사 안수를 비롯한 여권 신장, 동성애, 안락사, 뉴에이지 운동 등이 성경의 문자적 가르침에 위배된다고 주장하며, 이를 반대하는 등 사회·정치적인 문제에 큰 관심을 보이고 있다.

현재 이런 근본주의는 유럽에서는 거의 찾아볼 수 없고, 서양 세계에서 기독교인의 수가 상대적으로 가장 많은 나라에 속하는 미국에서도 TV에 빈번히 나타나는 이른바 'TV 전도사들(televangelists)' 때문에 세가 대단한 것으로 보이지만, 사실은 주로 남부 '바이블 벨트(Bible Belt)' 지역을 중심으로 활동하는 소수에 불과하다. 그러나 아시아, 아프리카, 남아메리카 등 이런 근본주의 선교사들에게서 그리스도교를 전해 받은 피선교국의 그리스도인들은 절대다수가 근본주의 그리스도인이라 할 수 있다.

물론 한국도 이런 근본주의 선교사들의 영향을 받은 피선교국으로서, 현재 90퍼센트 이상의 한국 그리스도인들이 이런 근본주의에 속한 그리스도인이라 해도 과언이 아니다.

개신교의 선교 운동

그리스도교는 세계 종교 중에서 불교, 이슬람과 함께 그 가르침을 될 수 있는 대로 널리 전하려고 노력하는 종교다. 불교에서 이를 '포교(布敎)'라 하듯 그리스도교에서는 이를 주로 '선교(宣敎)'라 부른다. 역사적으로 확인할 수는 없지만, 예수의 열두 제자 중 하나였던 도마는 인도까지 가서 복음을 전하고 거기에 일곱 교회를 세웠다는 이야기가 전해진다. 인도인들 중에 도마(Thomas)나 매튜(Matthew) 같은 그리스도교 이름을 성(姓)으로 하고 있는 이른바 '성 도마 그리스도인들(St. Thomas Christians)'은 자기들이 예수의 제자 도마가 세운 교회의 전통을 이어받은 사람이라는 자부심을 가지고 있다. 잘 알려진 바와 같이 그리스도교의 제2창시자라 할 정도로 그리스도교 역사에 결정적인 영향을 끼친 사도 바울도 열렬한 선교사로, 그 당시 '온 세상'이라 할 수 있는 소아시아와 남유럽 지역을 세 번이나 도는 '선교 여행'을 하며 가는 곳 여기저기에 교회를 세웠다.

그리스도교의 선교 전통에 따라 가톨릭에서도 일찌감치 해외 선교 활동에 열중하기 시작했다. 앞에서 언급한 것처럼 16세기에 설립된 예수회는 선교와 교육에 힘쓰고, 그 회에 소속된 프란치스코 사비에르 같은 사람은 선교사로 인도와 일본에까지 나갔으며, 마테오 리치는 중국으로 가서 선교에 전념했다. 가톨릭 선교사들은 또 스페인 군대와 함께 중남미로 가서, 중남미를 실질적으로 가톨릭 국가로 만들기도 했다. 한편 영국 교회 소속의 존 웨슬리도 1735년에 미국 조지아로 선교 여행을 했으며, 그로 인해 현재 미국에서 두 번째로 큰 교단이 된 미국 감리교의 터전을 닦았다는 것 또한 이미 말한 바와 같다.

그 뒤 19세기에 들어와 개신교를 중심으로 선교열이 최고조에 달했다. 19세기 전까지만 해도 개신교는 선교에 비교적 소극적이었던 셈이다. 특히 칼뱅의 예정론에 영향을 받은 장로교 계통에서는 누가 구원받을 것인가가 이미 하느님에 의해 예정되었다고 믿었기 때문에, 구원받을 사람이라면 자기네가 선교를 하든 안 하든 구원받을 것이고, 구원받지 못할 사람은 어차피 못 받을 텐데, 자기들이 나서는 것은 하느님의 뜻을 어기는 것일 뿐 아니라 시간과 돈의 낭비라고 생각했던 것이다.

그러나 19세기에 들어오면서 일부 엄격한 칼뱅주의자들을 제외하면 모두 이런 생각에서 벗어났다. 19세기 중반 거의 모든 개신교 교파는 어떤 형태로든 해외에 선교사를 보내는 선교 활동에 적극적이었고, 해외 선교를 전담하는 여러 기관을 설립했다.

이런 기관들에 의해 파송된 개신교 선교사들은 로마 가톨릭이 대세를 이루던 남미 등지로도 더러 갔지만, 주로 아프리카, 아시아 등 그때까지 그리스도교의 영향을 받아 보지 않았거나 덜 받은 곳을 선교지로 택했다. 그 결과 19세기 중엽 한국에도 개신교 선교사들이 찾아왔다. 여기서 약간 곁길을 가는 듯한 감이 들지만, 우리 주위의 그리스도인들을 좀 더 잘 이해하기 위해 한국에 그리스도교가 어떻게 도입되고 뿌리내렸는가 하는 점을 잠깐 살펴보고 지나가는 편이 좋을 것 같다.

한국 그리스도교

앞에서 니케아 공의회를 이야기할 때도 잠깐 언급한 것처럼, 한국에 그리스도교가 들어온 시기를 엄격하게 따지면 신라 시대라 보는 견해도 가능하다. 431년 그리스도교 교리 논쟁에서 이단으로 정죄된 네스토리우스(Nestorius)파가 페르시아와 인도를 거쳐 7세기에 중국 당나라의 서울 장안으로 들어왔는데, 중국에서는 이를 경교(景教)라 했다. 그 뒤 8세기경 당나라에서 성행했는데, 그 당시 당과 신라의 관계로 보아 분명히 신라에도 소개되었을 것이라 보기 때문이다. 경주에서 돌로 된 경교의 십자가 모양의 물체가 발견되었다고 주장하는 이들도 있다.

경교의 경우 외에도 임진왜란 당시의 기록에 의하면, 1594년 그레고리오 데 세스페데스(Gregorio de Cespedes, 1551~1611) 신부와 일본 예수회 회원 한 명이 일본 가톨릭 교인이었던 고니시 유키나가(小西行長) 장군의 군대를 위한 군종(軍宗)으로 한국에 왔다고 한다.

하지만 다른 불교인 장수와의 불화로 둘은 곧 일본으로 돌아가고 말았다. 이들이 한국인들과 접촉을 했는지 모르지만, 이들로 인해 한국에 그리스도인이 생겼다는 흔적은 없다. 그러나 한 가지 흥미로운 점은 일본 군대에 의해 나가사키로 끌려갔던 조선인들 중 상당수가 가톨릭으로 개종했다는 사실이다. 17세기 초 도쿠가와 정부에 의해 순교당한 205명 중 적어도 13명은 조선이었을 것으로 짐작하고 있다.

그리스교가 본격적으로 한국인들에게 알려지기 시작한 것은 17세기 중국을 통해서다. 1600년을 전후로 청나라 조정에 사신으로 가던 조선의 수신사들이 중국이 가져온 예수회 가톨릭 선교사들의 서책을 가지고 오기 시작했다. 이수광(李睟光)은 중국에 갔다가 1603년에 출판된 예수회 선교사 마테오 리치의 중국어 저서 『천주실의(天主實義)』를 가지고 돌아왔으며, 그 밖에 소현세자도 1644년 중국에서 돌아오면서 가톨릭 서적을 다수가지고 왔다.

　이런 것들이 그 당시 남인계 실학파(實學派) 젊은 학자들에 의해 '서학(西學)'의 일부로 연구되기 시작했다. 서학에 대한 이런 지적(知的) 호기심이 점차 종교적(宗敎的) 열성으로 바뀌어 18세기 중엽에는 이들 중 상당수가 서학을 하나의 종교로 받드는 열렬한 신봉자가 되었으며, 이들의 영향력으로 민간에까지 널리 퍼지기 시작했다. 이승훈(李承薰, 1756~1801)은 베이징에 가서 1783년 정식으로 영세를 받고 '베드로'라는 세례명을 얻어 한국 최초의 정식 가톨릭 신자가 되었다. 그는 다음 해에 돌아와 교회를 세우고, '베드로'라는 이름이 '반석'인 것처럼 한국 가톨릭교회의 초석이 되었다.

　이처럼 가톨릭이 급진적으로 퍼져 나가자 그 당시 유교를 국가의 종교·정치적 통치 이념으로 받들던 조선 조정과 갈등을 빚기 시작했다. 더 깊은 정치적 이유들이 있겠지만,[3] 아무튼 조상에 대한 제사를 거부하고 임금이나 조국을 몰라보는 가톨릭 같은 '이단사설(異端邪說)'은 허용할 수 없다는 이유로 신유(1801년), 을해(1815년), 정해(1827년), 기해(1839년) 등 일련의 박해의 물결들이 휩쓸고 지나가면서 많은 가톨릭 신자들과 서양인 성직자들이 죽임을 당했다. 1866년에서 1871년까지 5년에 걸쳐서 일어난 대박해 한 번에 그 당시 한국에 있던 가톨릭 신자의 절반 정도에 해당하는 8000명이 순교를 당했다.

　이런 그리스도교 박해는 1886년 한불수호통상조약(韓佛修好通商條約)의 체결과 함께 공식적으로 끝이 났다. 이때를 전후해서 개신교 선교사들도 한국으로 들어와 선교 활동에 열중하기 시작했다. 1884년 중국에 파송되었던 미국 북장로교 선교사인 의사 알렌(H. N. Allen)이 최초로 한국에 들어왔고, 다음 해에는 같은 교단의 언더우드(H. G. Underwood), 미국 감리교단의 아펜젤러(H. G. Appenzeller)가 입국했다.

이들은 그 전에 중국 만주 주재 스코틀랜드 선교사 로스(John Ross)가 서상륜(徐相崙) 등 한인 협조자들과 함께 번역한 쪽복음서를 통해 이미 황해도 소래 등에 생긴 개신교 공동체를 기반으로 선교 활동을 전개했다. 이후 속속 들어온 선교사들은 그리스도교의 가르침을 전파하는 일 외에도 교육, 의료, 구제 사업에 헌신적으로 봉사했으며, 극히 일부지만 한국인의 항일 투쟁이나 독립운동에 협조하기도 했다.

그 뒤 한국 개신교는 신앙 대부흥 운동기, 일제(日帝) 시대의 수난기 등을 거치면서 그리스도교 선교사상 그 유례가 드물 정도로 선교에 성공하는 가히 '현대 선교의 기적'을 이루었다고 할 수 있다.⁴ 현재 서울에 있는 여러 개의 '세계 최대의' 교회를 포함해 개신교 교회만 한국에 4만 개가 넘는다.⁵ 가톨릭도 1984년 한국 가톨릭 200주년을 기념하기 위해 교황이 한국에 왔을 때 한국 가톨릭 신도 100명을 한꺼번에 성인(聖人)으로 추대했는데, 이로 인해 한국은 성인 수에서 세계에서 네 번째로 큰 가톨릭 국가가 된 셈이다. 최근에 와서 개신교의 경우 신도 수의 증가가 멈추거나 감소 추세로 도는 현상을 보이긴 하지만,⁶ 제임스 그레이슨(James H. Grayson)이 지적한 것처럼 "20세기 마지막 10년에 접어들면서 한국 그리스도교, 특히 개신교는 현대 한국 역사의 주도적인 종교적 사건이 되었다"고 할 수 있다.

물론 한국에 들어온 그리스도교가 오로지 사회를 위해 좋은 일만 한 것은 아니다. 뒤에서 언급하겠지만, 특히 1970~1980년대에 근본주의적인 성향을 가진 교인 수가 폭발적으로 증가하면서 여러 바람직하지 못한 현상이 수반되는 일을 피할 수 없었다. 그중 가장 두드러진 현상은 신앙을 복을 받는 수단으로 여기는 기복 신앙과 이웃 종교, 심지어 그리스도교 내의 다른 교파도 인정하지 않고 배척하는 배타주의적인 태도를 꼽을 수 있을 것이다.

에큐메니컬 운동

16세기에 일어난 종교개혁으로 가톨릭에서 프로테스탄트 교회가 갈라져 나오고, 그 뒤 프로테스탄트 교회가 다시 여러 교파로 지리멸렬해지는 것을 보면서 교회 일치 운동의 필요를 절감하는 이들이 많았다. 물론 일치라고 해서 물리적으로 여러 교회를 하나로 만들자는 것이라기보다, '다양성 속의 일치(unity in diversity)'가 말하듯 다양성을 인정하면서 동시에 분산된 힘을 하나로 모아 세상에 더욱 효과적으로 선교하고 봉사하자는 의도였다. 이렇게 선교와 봉사를 위해 교회가 뭉칠 것을 강조하는 움직임을 '에큐메니컬 운동(Ecumenical Movement)'이라 한다.

19세기부터 이런 움직임이 싹트고, 20세기에 들어오면서 가시화되기 시작했다. 1910년 선교 문제를 논의하기 위해 스코틀랜드 에든버러에서 세계선교대회(World Missionary Conference)가 열렸고, 1914년에는 콘스탄츠에서 국제 평화를 증진하기 위한 세계 기구가 결성되었다. 그러나 이 기구가 결성된 8월 2일 바로 그날 제1차 세계대전이 일어나면서, 이들 기구는 전쟁으로 인해 활발한 활동을 펼칠 수가 없었다.

현재 에큐메니컬 운동을 가장 효과적으로 이끌고 있는 단체는 제2차 세계대전이 끝난 뒤인 1948년 암스테르담에서 결성된 세계교회협의회 (WCC, the World Council of Churches)다. 첫 대회에 44개국에서 107개 교파를 대표하는 지도자들이 모였다. 협의회에서는 그 당시 국제 냉전 상황을 감안해 공산주의와 자본주의 양쪽을 모두 배격한다고 결의했다. 이때 자본주의를 배격한다고 한 말 때문에 일부 과격한 그리스도교 지도자들에 의해 '용공 단체'로 낙인이 찍히기도 했다.

그동안 극도의 근본주의 교회들을 제외하고는 대부분의 프로테스탄트 교회가 가입해, 현재 140개 국가로부터 약 340개 교파가 참가하고 있다. 동방정교회도 정회원으로 가입하고, 가톨릭도 참관인 자격으로 참여한다.

한국에서는 군사 정권 당시 민주화 투쟁에 앞장섰던 한국기독교교회협의회(NCCK)가 적극적으로 참가하고 있다. 이 단체의 개방적인 정신이나 활동에 찬동하지 않고, 특히 WCC의 '용공 색채' 때문에 가입하기를 거부하는 교회들을 중심으로 1989년 '한국기독교총연합회(한기총)'가 결성되기도 했다.

WCC는 7년마다 대륙별로 돌아가며 총회를 여는데, 제10차 총회가 2013년 10월 30일 부산에서 개막되어 11월 8일까지 10일간 진행되었다. 개신교 보수 진영의 반대 등 우여곡절을 거쳤지만, '생명의 하나님, 우리를 정의와 평화로 이끄소서'라는 주제로 모인 이 총회에 세계 140개국에서 8500명이 참석, 역대 최대 규모의 총회가 되었다.

제2차 바티칸 공의회

제2차 바티칸 공의회에 대해서는 앞의 4장 끝 부분에 약간 언급했지만, 여기서 다시 부연한다. 20세기 그리스도교에서 생긴 사건으로 제2차 바티칸 공의회를 빼놓을 수 없기 때문이다. 20세기 변화된 세계에 걸맞은 교회로 발돋움하고, 종교간의 일치를 진작시키기 위한 노력의 일환으로 1962년 당시 로마 교황 요한 23세에 의해 소집된 이 공의회는 가톨릭교회뿐 아니라 그리스도교 전체, 나아가 세계 종교사에서 괄목할 만한 사건이 되었기 때문이다.

1963년 6월 교황 요한 23세의 죽음으로 교황 바오로 6세가 뒤를 이어 1965년에 마무리 지은 이 공의회에서 채택한 중요 결의안으로는 예전을 집전할 때 가능한 한 라틴어 대신 그 나라의 말로 하기로 한다든가, 평신도의 참여를 더욱 강화하기로 한다든가, 특별한 경우 가톨릭 신도가 비가톨릭 신도와 함께 예배드리는 것을 허용한다든가, 가톨릭교회 밖에도 구원의 가능성이 있음을 인정한다든가 하는 것이 있었다.

중요한 선언 중 하나인 '비그리스도 종교들에 대한 교회의 관계에 관한 선언'에서 힌두교, 불교, 이슬람, 유대교의 '좋은 점들'에 대해 언급하고 있다. 특히 유대교에 대해서는 지금까지 유대인들이 예수를 죽인 백성이라고 하던 일반적인 주장에 대해, 그 당시 유대 권력과 그 지도자를 맹종하던 사람들이 예수를 죽였을 뿐 유대인 전체에 책임을 물을 수 없음을 분명히 하고, 유대인들에 대한 증오와 박해를 배격한다고 선언했다.

제2차 바티칸 공의회를 주도한 두 명의 신학자는 칼 라너(Karl Rahner, 1904~1984)와 한스 큉(Hans Küng)이었는데, 큉은 교황무오설, 동정녀 탄생

설 등을 인정하지 않아 '가톨릭 신학자'로서의 자격을 박탈당했다. 가톨릭 교회가 교황 요한 23세 이후 다시 보수화되는 것이 아니냐는 우려를 자아내는 사건이었다. 그러나 한스 큉의 열린 신학 사상은 여전히 가톨릭뿐 아니라 많은 개신교 신학자들에게 신선한 자극을 주고 있다. 필자도 사상적으로 그에게 빚진 바가 크다.

20세기, 새로운 신학의 등장

ⓒ한국기독공보

- 전국여교역자연합회가 주최한 여목회자대회 '여성목회, 그 당당한 발걸음'에 참여한 안수자들의 모습. 대한예수교장로회 통합교단은 2013년 한 해 동안 여성 목사 156명을 배출했다.

5장에서는 16세기에 일어난 종교개혁 이후 20세기 중반까지 그리스도교 역사에 있었던 큼직한 사건들을 중심으로 생각해 보았다. 여기서는 20세기 중반 그리스도교에서 발달한 신학의 흐름을 개괄해 보고자 한다.

신학의 지평을 넓힌 신학자들

20세기 중반 그리스도교 신앙을 새롭게 해석하고 적용하려는 신학적 노력이 본격적으로 진행되었다. 가장 대표적이고 영향력이 있던 신학자 셋을 들라면 루돌프 불트만, 폴 틸리히, 디트리히 본회퍼라 할 수 있다. 물론 이 밖에도 큰 영향력을 행사한 신학자들이 많았다.

그중에서 자유주의 신학에 결함이 있음을 선언하고 복음적 '신정통주의 신학' 또는 '변증법적 신학'을 제창한 칼 바르트(Karl Barth, 1886~1968)가 가장 두드러진 신학자라 할 수 있다. 그리고 가톨릭 측에서도 토마스 아퀴나스의 신학을 좀 더 현대화하려는 노력이 나타났는데, 그 대표자로는 '익명의 그리스도(anonymous Christ)론'으로 유명한 독일 신학자 칼 라너

(Karl Rahner, 1904~1984)와 신학적 인식론에 공헌한 캐나다 신학자 버나드 로너간(Bernard Lonergan, 1904~1984), 여러 문제에서 보수적인 입장을 취한 프랑스 철학자 자크 마리탱(Jacques Maritain, 1882~1973) 등을 들 수 있다. 여기서는 앞에 열거한 세 신학자의 기본 사상만을 간단히 일별해 보기로 한다.

| 루돌프 불트만

독일 마르부르크대학 신약학 교수로 있던 불트만(Rudolf Bultmann, 1884~ 1976)은 『신약성서와 신화』, 『예수 그리스도와 신화』 등의 저작을 통해 우리에게 잘 알려져 있다. 그는 개명 시대 이전의 세계관에 입각해서 진술된 성경은 기본적으로 '신화적'이라고 주장했다. 우주를 3등분해서 하느님과 천사가 거하는 하늘, 사람들이 사는 땅, 그리고 마귀와 악한 천사들이 득실거리는 지하 세계, 이렇게 3층 건물처럼 생겼다고 믿는 우주관 때문에 신이 하늘에서 내려오고, 죽어 지하 세계로 갔다가, 다시 하늘로 올라갔다는 등의 이야기가 나올 수 있었다는 것이다. 병이 들어도 그것이 병균이 아니라 악귀 때문이라 생각하는 것 등도 이런 고대 신화적 세계관에서만 가능한 이야기라 보았다.

불트만은 이런 고대 신화적 진술은 이제 물이 지나도 한참 지난 것으로, 현대인들에게는 전혀 설득력이 없는 것이라 했다. 조금이라도 생각이 있는 사람이라면 '지성의 희생(sacrificium intellectum)' 없이는 성경에 나오는 이런 신화적 진술을 문자 그대로 받아들일 수는 없다고 했다. 그는 물어본다. "우리는 현대인이 복음만이 아니라 이런 신화적 견해도 함께 받아들일 거라 기대할 수 있을까?"

그의 대답은 그것은 불가능할 뿐만 아니라 아무 의미도 없는 일이라고 했다. 이런 신화적 표현은 특별히 그리스도교 고유의 기별이 아니라 조로아스터교나 영지주의 등 고대 문화 전통에서 일반적으로 공유하던 생각에 불과하기 때문이라는 것이다. 그리스도교가 존재하는 것은 이런 고대 신화를 문자적으로 가르치고 받아들이도록 하기 위함이 아니라고 했다.

그러면 성경에서 신화적인 요소를 다 제거해야 할까? 불트만에 의하면, "신화의 참된 목적은 지금 있는 대로의 세계에 대한 객관적인 그림을 제공하려는 것이 아니라 인간이 자기가 살고 있는 이 세계에서 스스로를 어떻게 이해했는가를 표현하기 위함"이라는 것이다. 따라서 신화를 버릴 것이 아니라 신화를 통해 인간이 스스로를 어떻게 이해했는가를 배우고, 거기서 의미를 찾도록 노력해야 한다고 보았다. 그는 이를 두고 신화를 '우주론적으로가 아니라 인간학적으로, 또는 실존적으로' 이해해야 한다고 표현했다.

그러면 성경, 특히 신약 성경에서 발견해야 할 기본 메시지는 무엇인가? 그는 그것이 예수의 십자가 같은 그리스도교의 핵심 기별이라 보고, 그것을 '케리그마(kerygma, 선포)'라 불렀다. 그는 성경에 나오는 신화적 표현에서 케리그마를 찾아내기 위해 성서를 '비신화화(demythologizing)'해야 한다고 주장한 것이다.

불트만의 비신화화 이론은 서양 신학계에 큰 충격을 주었다. 그 결과 그의 이론과 사상을 체계적으로 계승, 수정, 발전시키려는 '불트만 학파'까지 형성될 정도였다. 여기서 한 가지 지적할 것은 '비신화화' 또는 '탈신화화'라고 하니까 성경에서 신화를 모두 없애자는 시도라는 인상을 주기 쉽지만, 불트만은 결코 신화를 없애자고 한 것이 아니라 신화를 문자적으로 받아들이지 말고, 거기서 우리의 삶에 필요한 실존적 의미를 찾아야 한다고 주장했다는 사실이다.

이런 의미에서 '비신화화'라는 말 대신에 '탈문자화(deliteralization)'라고 하는 것이 오해의 소지를 줄일 수 있다고 지적한 폴 틸리히의 지적이 옳다고 볼 수 있다. 한 걸음 나아가, 신화란 보통 말로 표현할 수 없는 것을 표현하는 중요한 수단이므로 신화가 없이는 종교적 진리를 표현할 길이 없기에, 차라리 오늘 우리에게 더욱 의미 있는 신화로 다시 표현한다는 뜻에서 '재신화화(remythologization)'라 하는 것이 더 적절할지도 모르겠다.

신화를 제거한다는 것은 진리 자체를 방기하는 것과 다름이 없다. 서양에서 많이 쓰는 말로 아기를 목욕시키고 목욕물은 버리더라도 아기를 버리면 안 되듯, 특수한 신화적 표현 자체는 시대에 따라 다를 수 있고 시대가 지나면 효력을 상실할 수 있지만, 그 신화가 말해 주려는 뜻까지 버리면 안 된다는 것이다.

| 폴 틸리히

틸리히(Paul Tillich, 1886~1965)는 루터교 목사의 아들로 태어나 28세에 루터교 목사로 안수를 받았다. 제1차 세계대전 때 군목으로 봉사하고, 그 후 여러 대학에서 신학과 철학을 강의했다. 1933년 히틀러가 정권을 잡자 미국으로 망명, 1956년까지 뉴욕의 유니언신학대학에서, 그 뒤에는 하버드 대학과 시카고대학에서 조직신학 교수로 봉직했다. 틸리히는 미국 신학자에게 가장 큰 영향을 끼친 신학자로 꼽힌다. 그의 신학 사상 가운데 몇 가지 중요한 것을 짚어 보면 다음과 같다.

틸리히와 관련해서 무엇보다 흥미로운 것은, 그가 믿음 또는 종교를

'궁극 관심(ultimate concern)'이라 보았다는 사실이다. 무엇이든 우리를 무조건 사로잡고 우리의 절대적인 관심을 불러일으키는 것은 바로 종교나 신앙이라는 뜻이다. 인간이라면 누구나 이런 '궁극 관심'을 갖기 마련이라는 점에서 누구나 종교적 신앙을 가지고 있다고 해야 할 것이다.

그러나 그 궁극 관심이 돈, 명예, 권력, 성 같은 세속적인 사물에 관한 것이면, 그것은 '사이비(pseudo)' 신앙에 불과하다. 그 대상이 사회주의, 공산주의 같은 정치 이념이나 예술 또는 과학과 같이 한정된 문화 형식과 관련된 것이면, 그것은 '유사(quasi)' 신앙이다. 진정으로 초월적인, 혹은 '형이상학적으로' 궁극적인 대상에 관한 궁극 관심만이 진정한 종교 또는 신앙이라고 보았다.

틸리히는 궁극 실재가 저 하늘 위에 존재하는 유신론적 인격신과 동일하지 않다고 주장했다. 인간이 궁극 실재로서의 신과 인격적인 관계를 맺을 수 있다는 의미에서 궁극 실재를 인격적(personal)이라 할 수 있지만, 그렇다고 그 신이 하나의 인격(a person)은 아니라고 했다.

신을 인격으로 묘사한 모든 교설은 궁극 실재를 상징하려는 노력의 산물이라 보았다. 궁극 실재로서의 신은 상징을 통하지 않고는 논의될 수 없기에 여러 상징을 통해서 표현되지만, 궁극 실재는 이런 상징 너머에 있다. 우리가 일상으로 말하는 인격신은 이런 궁극 실재로서의 신에 대한 상징이다. 따라서 '신 너머에 있는 신(God beyond the God)', 그리고 '신은 신의 상징(God as the symbol of God)'이라는 말이 성립된다는 것이다. 그는 이제 신을 높이(height)로 생각하기보다 깊이(depth)로 생각해야 한다고 하며, 우리 속에 거하는 신의 내면적 실재성을 강조했다.

틸리히에 의하면 이런 궁극 실재로서의 신을 '하나의 존재(a being)'

6장 20세기, 새로운 신학의 등장

로 생각하면 그것이 아무리 위대하고 특별하다고 하더라도 결국 존재의 차원에 머물 수밖에 없기에, 그 궁극 실재로서의 신은 '존재 자체(being-itself)' 또는 '모든 존재의 바탕(Ground of all being)'이라 했다. 불교 화엄 사상에서 말하는 '법계(法界, dharmadhātu)'를 연상시키는 대목이다. 법계는 영어로 'realm of all being'이라 번역하기도 한다.

틸리히는 특히 종교 상징에 대해 깊은 안목을 가지고 있었다. 모든 상징은 그 자체 너머에 있는 무엇을 가리키는 것이라고 보고, 상징 자체를 절대화하는 우를 범하지 말라고 했다. 마치 호두 껍질을 깨야 호두 살을 얻을 수 있듯이 신화도 깨져야 그 속내를 알 수 있다고 했다. 이른바 '깨어진 신화(broken myths)' 이론이다. 선불교에서 말하는 '달을 가리키는 손가락'과 궤를 같이하는 말이라 할 수 있을 것이다.

틸리히는 불교에도 관심을 갖고 불교와 그리스도교를 비교하는 책도 썼다.[1] 그 책은 마지막에 "모든 종교의 심층에는 종교 자체의 중요성을 잃어버리게 하는 경지가 있다"는 말로 끝을 맺는다. 말년에 시카고대학에서 엘리아데(Mircea Eliade)와 세계 종교에 대해 공부하며, 자기에게 시간이 좀 더 있다면 그의 조직신학 책을 세계 종교사의 빛 아래서 다시 쓰고 싶다고 할 정도로 이웃 종교에 대해 개방적인 태도를 취했다.[2]

| 디트리히 본회퍼

흔히 '독일의 양심' 또는 '천재 신학자'로 불리는 본회퍼(Dietrich Bonhoeffer, 1906~1945)는 베를린대학 신경과 의사의 8남매 중 여섯째로 태어났다. 튀빙겐, 로마, 베를린 등에서 신학을 공부하고, 1927년 21세에 박사 학위를 취득했다. 1930년에 대학 교수 자격을 획득했지만 너무 어려 1년간 미국 뉴욕의 유니언신학대학원에서 연구 과정을 거치고, 다음 해 베를린대학의 조직신학 강사 및 교목이 되었다.

독일 복음주의 교회가 히틀러의 나치 정권에 동조할 때 이에 저항하기 위해서 세운 독일고백교회(Bekennenden Kirche, Confessing Church)를 칼 바르트와 함께 이끌면서, 고백교회 목회 후보자를 훈련시키는 교육 기관의 일을 맡았다. 1937년 이 기관이 폐쇄되고, 1938년 독일 경찰의 압력으로 베를린에서 추방당하자, 장소를 바꾸면서 1940년 3월까지 목회자 양성 교육을 계속했다. 그 경험을 토대로 그의 책 중 가장 잘 알려진 『나를 따르라 *Nachfolge*』와 『신도의 공동생활*Gemeinsames Leben*』을 썼다.

이곳저곳 장소를 옮겨 다니던 중 1939년 6월 한 달 동안 뉴욕에 머물렀는데, 많은 사람이 망명하기를 권유했으나 이를 뿌리치고 독일로 돌아갔다. 그를 초청한 저명한 신학자 라인홀트 니버(Reinhold Niebuhr)에게 남긴 편지에서, "나는 우리 민족사의 힘든 시기를 독일에 있는 그리스도인들과 함께 겪지 않으면 안 됩니다"라고 했다. 미친 운전사가 차를 몰며 사람들을 살상하는 경우, 그리스도인의 의무는 죽은 사람들의 시체를 거두어 장례식이나 치르는 것이 아니라 바로 그 운전사를 없애는 것이라 주장하며 히틀러 암살 계획에 참가한 것이다. 1943년 1월에 약혼하고 3개월 만에 체포되어, 1945년 4월 9일 미국 군대가 플로센뷔르크 감옥을 풀어 주기 불과 몇 시간 전에 39세로 교수형에 처해졌다. 형과 매부들도 이 사건에 연루되어 사형이나 총살형을 당했다. 그는 자신의 저서와 연구 논문 외에 1943년부터 1945년 죽기 전까지 옥중에서 쓴 서신을 남겼는데, 1951년에 책으로 출간되었다.

본회퍼는 이 시대를 인간이 자율적인 행동을 할 수 있기에 더 이상 종교를 필요로 하지 않는 '성숙한 시대', '무종교 시대'로 규정했다. 이런 시대에 그리스도교는 무엇을 의미하는가? 그리스도교도 스스로를 '비종교적'으로 이해해야 한다고 했다. 일반적으로 종교에서는 우리가 곤경에 처하면 하느님께 호소하라고 가르친다. 그러나 이것은 지극한 자기중심주의의 이기적인 발상이다.

이럴 때 신(神)은 인간이 해결하지 못하는 문제를 그럴듯하게 해결하기 위해 등장하는 해결사로서, 마치 중세 연극에서 이야기의 앞뒤가 잘 풀리지 않을 때 갑자기 등장시켜 모든 문제를 해결하는 식의 '기계 속에서 나오는 신(deus ex machina)'과 같다. 우리가 생각하는 신이 이런 식의 신이라면, 그런 신은 이제 이런 성숙한 시대에는 더 이상 필요 없는 신이라고 했다.

본회퍼는 그런 그릇된 하느님 상(像)을 일소하고, "우리가 이 세상에서 '마치 하느님이 없다는 듯이' 살아야 한다는 것을" 인식시키시는 분으로서의 하느님을 받아들여야 할 것이라고 주장했다. 이런 삶은 역설적으로 신을 '삶의 끝에서가 아니라 삶의 한복판에서' 실천적으로 만나게 된다고 보았다. 이제 자기를 위해 존재하던 하느님이 없다는 듯이 사는 세상은 결국 자기중심주의로부터 해방된 세상을 의미한다.

본회퍼에 의하면 자기중심주의에서 해방된 그리스도인으로서 감당해야 할 최대의 과제는 '그리스도를 따름'이다. 이렇게 그리스도를 따르는 그의 참 제자가 되기 위해서는 거기에 따르는 응분의 값을 치러야 하는데, 이것을 그는 '제자 됨의 값(cost of discipleship)'이라고 했다. 그는 하느님의 은혜가 그저 주어지는 것이긴 하지만, 결코 '값싼 은혜(cheap grace)'일 수 없다고 했다. 그는 "값싼 은혜는 우리 교회의 치명적인 적이다. 오늘 우리의 싸움은 값비싼 은혜를 얻기 위한 싸움이다"라고 하고, "값싼 은혜는 죄인을 의롭게 함(義認)이 아니라 죄를 의롭다 함이다……. 싸구려 은혜는 그리스도를 본받음이 없는 은혜, 십자가 없는 은혜"에 불과하다고 했다.

본회퍼는 "그리스도는 오늘 우리에게 누구인가?" 하는 질문에 대해, 무엇보다도 그리스도가 '남을 위한 존재(being for others)'라고 정의하고, 그리스도를 따르는 우리도 이런 예수를 만남으로써 하느님을 경험하고 이웃을 위한 삶에 참여할 수 있다고 보았다. 가히 그리스도교 역사상 극명하게 드러난 보살(菩薩) 정신의 구현이 아닌가 싶은 생각이 든다.[3]

새로 등장한 신학의 흐름

사회가 점점 복잡하고 다양해지면서 그리스도교 신학자들은 그리스도교 신학이 지금까지 구미(Euro-American) 중심으로, 그중에서도 힘 있는 사람들, 강자의 논리를 중심으로 이루어졌다는 것을 발견했다. 그리고 이런 반성의 결과로 힘없고 소외된 사람들을 위한 신학들이 생겨났다. 가장 중요한 것들을 열거하면 남미의 해방신학, 미국의 흑인신학, 여성들의 여성신학, 한국의 민중신학이다. 또 세계가 지구촌으로 바뀌면서 종교간의 접촉과 교류가 활발해지고, 이에 따라 다른 이웃 종교를 신학적으로 어떻게 이해하면 좋을까를 다루는 종교신학이 생기기도 했다. 이런 것들을 간략하게 소개한다.

| 해방신학

1960년대 후반 남미 브라질의 신학자 루벰 알베스(Rubem Alves)와 페루의 신부 구스타보 구티에레즈(Gustavo Gutiérrez, 1928년 출생) 등에 의해 주도된 신학으로서, 현실적으로 제1세계의 다국적 기업에 착취당하는 남미 사회의 비참한 역사적 정황과 가톨릭의 사회주의적 신학, 마르크스의 사회주의 이론, 가톨릭 노동자 운동, 프랑스 노동자 청년 운동, 본회퍼의 정치신학 등이 복합적으로 작용해서 생긴 특수 신학체계라 할 수 있다.

해방신학(Liberation Theology)은 성경을 읽되 착취당하고 가난한 사람들의 눈으로 성경을 읽고, 성경을 읽되 착취당하고 가난한 사람들을 그들의 고통에서 해방시키는 데 도움이 되는 방향으로 해석해야 한다고 주장한다. 이들에 의하면 성경에 나타나는 하느님은 무엇보다도 억압받고 고난당하는 이들과 함께하며 그들의 해방을 위해 힘쓰는 분이시고, 예수도 우리의 영혼을 구원하는 구주이기 전에 현 사회의 구조악 때문에 경제적으로나 정치적으로 희생되는 사람들을 해방시키는 '해방자'임을 강조한다.

물론 해방신학에 관여하는 신학자들이 한 가지 목소리를 내는 것은 아니다. 각각 강조점이나 방법이 다르다. 그러나 공통적인 것 중 하나는 그리스도교의 일차적 사명이 지금 여기서 불의를 물리치고 정의를 가져옴으로써 가난한 사람을 해방하는 것이라 믿는 것이다. 이런 구체적인 목적을 위해서는 어쩔 수 없이 방법론적으로 모두 정치 활동에 참여하지 않을 수 없다고 주장한다. 이들에 따르면, 이제 '올바른 교리(orthodoxy)'보다는 '올바른 실천(orthopraxis)'이 더욱 중요하다는 것이다. 올바른 행동에는 경우에 따라 계급투쟁이나 불가피한 폭력을 정당화하는 일까지 포함될 수 있다고 말하는 이들도 있다.

이런 마르크스주의적인 요소 때문에 교황 요한 바오로 2세로부터 가난한 사람들을 위하는 마음은 훌륭하지만, "그리스도를 정치적 인물, 혁명가, 나사렛 출신의 파격자 등으로 생각하는 것은 교회의 기본 가르침과 어울릴 수 없다"는 경고를 받기도 했다.

2013년에 사임한 교황 베네딕토 16세도 교황이 되기 전 해방신학을 못마땅하게 여기고, 해방신학 대신에 '화해신학'을 제안한 적이 있다. 그러나 베네딕토 16세가 2007년 브라질을 공식 방문했을 때 해방신학에 입각해서 성경을 연구하는 평신도 연구 클럽이 브라질에만 100만 개가 넘게 활발하게 움직이고 있어, 해방신학이 아직도 남미의 중요 신학으로 건재하고 있음이 입증되었다.

해방신학에도 여러 문제점이 있을 수 있다. 그러나 해방신학이 현실 정치와 경제 제도에서 신학이 어떤 역할을 할 수 있는가를 보여 줌으로써 신학의 지평을 혁신적으로 넓힌 공로를 인정하지 않을 수 없다. 해방신학은 아프리카와 아시아 등 이른바 제3세계로 퍼져 나가 유럽과 미국 중심의 신학과 확연히 다른 신학체계를 이루는 데 크게 공헌했다.

어느 의미에서 흑인신학, 여성신학, 민중신학도 직간접적으로 해방신학의 영향을 받아 생긴 신학체계라 해도 과언이 아니다. 1980년대에 이르러 해방신학의 용어들은 미국 인디언들, 아시아계 미국인들, 동성애자들 등 사회적으로 주변화된 사람들이 즐겨 쓰는 말이 되기도 했다.[4]

| 흑인신학

해방신학의 한 가지 특수한 형태로, 해방신학 가운데 특히 '흑인 의식(black consciousness)'를 중심으로 한 신학이라 할 수 있다. 1960년 이후부터 뉴욕 유니언신학대학원 제임스 콘(James Cone) 교수에 의해 주도된 것으로, 여기서 중요한 주제는 물론 백인에 의해 억압받는 흑인의 해방이다. 이들도 흑인의 눈으로 성경을 보고 흑인의 해방을 위해 성경을 해석해야 한다고 주장한다. 콘 교수가 주장했듯이 흑인신학(Black Theology)은 "백인 사회에서 흑인으로 존재한다는 것의 범위와 의미를 규정해야 할 필요" 때문에 생긴 것이다. 여기서도 고매한 이론 체계를 형성한다기보다 하루하루의 고달픈 삶에서 새로운 의미를 찾을 수 있는 구체적인 방법이 강조되고 있다.

따라서 하느님에 관해서도 철학적이고 존재론적인 이론을 기피하고 억압받는 흑인들의 직접적인 삶에 관계되는 방향으로 논의를 전개하고 있다. 신의 인격, 그의 능력과 권위, 그의 백인 남성적인 면 등은 관심 밖이다. 중요한 것은 이집트에서 탈출하는 출애굽 사건에서 보여 준 것처럼 하느님이 그의 의로우심 때문에 억압받는 자녀들을 구원하시는 그의 행동이다.

예수도 무엇보다 미국에 사는 흑인들처럼 가난하고 주변화된 사람들의 해방을 위해 힘쓴 사회적 해방자다. 예수가 세상의 죄를 사하기 위한 대속적 희생양이었다는 교리 같은 것은 무시하거나 거부하기도 한다. 물론 예수를 백인이 아니라 흑인으로 받아들이고, 예수의 메시지는 구체적으로 '흑인의 힘(black power)'에 힘을 실어 주는 것으로 해석된다.

흑인신학은 성경을 문자 그대로 읽어야 한다고 생각하지 않는다. 성경을 읽고 해석할 때 가장 중요한 잣대는 착취당한 흑인들이 해방을 얻을 수 있는 방향으로 푸느냐 하는 것이다. 구원이란 인간의 죄 많은 본성으로부터의 구원 같은 것이 아니라, 결국 이 세상의 억압에서 벗어나는 정치적·물리적 자유라 주장한다. 죽어서 하늘에서 받을 보상을 이야기하는 것은 지금 여기서 인간 전체가 누려야 할 현실적인 해방을 쟁취하겠다는 노력을 약화시키는 것으로 보기도 한다. 교회는 흑인들이 동등권과 자유를 얻기 위한 흑인 공동체로 보고, 교회와 정치를 분리하지 않는다.

마르틴 루터 킹 목사도 흑인신학을 실천적으로 이끈 지도자라 할 수 있을 것이다. 그러나 그의 특징적인 점은 그가 그리스도교 전통뿐 아니라 간디의 비폭력 사상이라든가 틱낫한의 불교 사상 등 이웃 종교에서 많은 것을 배우고 실천했다는 사실이다.

| 여성신학

성경에서는 사람 수를 셀 때 여자를 통계 숫자에도 넣지 않을 정도로 여성 차별적인 경향을 드러낸다. 그러나 예수 주위에서는 여성들이 중요한 위치를 차지하고 있었다. 개신교에서는 받아들이지 않았지만, 중세 가톨릭에서는 성모 마리아를 숭배했다. 셰이커(Shakers), 크리스천 사이언스, 안식일교 등이 여성에 의해 시작되기도 했다. 아무튼 이런 배경을 가진 그리스도교에서도 전통적으로 여성의 지위는 높지 않았다.

그러다가 1853년 미국 회중교회에서 처음으로 여자 안수 목사가 나왔고, 유니버설리스트, 유니테리언 등이 그 뒤를 따랐다. 20세기에 들어와서야 감리교, 장로교, 조합교, 루터교 등 개신교에서 여자에게 안수를 주기 시작했다. 그러나 아직까지도 개신교 일부와 가톨릭, 동방정교에서는 여자에게 안수하는 것이 성경이나 그리스도교 전통에 어긋나는 일이라 주장하며 거부하고 있다.

1970년경부터 본격적으로 여성 문제를 신학적으로 성찰해 보는, 또는 신학적인 문제를 여성의 관점에서 검토하는 '여성신학(Feminist Theology)'

이 등장했다. 여성 안수나 지위 문제뿐만 아니라 남성 중심의 전통적인 성경 해석, 교회의 관행, 여성에 대한 선입견 등을 심도 있게 체계적으로 재검토할 필요를 느낀 것이다.

메리 데일리(Mary Daly) 같은 과격한 신학자와 보다 온건한 로즈마리 류터(Rosemary Radford Ruether) 등을 중심으로 이루어진 여성신학은 여성신학이야말로 신학적 작업을 통해 지금까지 억울하게 살아온 여성들이 완전한 인격으로 살아갈 수 있게 하기 위한 수단이 되어야 한다고 주장한다. 최근에는 그리스도교 전통 외에 마녀(Witchcraft) 전통이나 도교(道敎) 등 이웃 종교에서도 이론적 도움을 얻어 내고 있다. 한국 여성 신학자로는 미국 유니언신학대학원의 정현경 교수, 미국 텍사스크리스천대학교(TCU)의 브라이트 신학대학원 강남순 교수, 숭실대학교의 구미정 교수 등을 꼽을 수 있을 것이다.

| 민중신학

한국에서 서남동, 안병무, 현영학, 서광선 등의 신학 작업에 의해 촉발된 신학 운동으로, 신학에서 신학의 주체는 '민중'이어야 함을 강조한다. 서양의 신학이 신 중심의 신학이라면, 민중신학(民衆神學)은 민중의 역사, 경험, 한(限) 등을 주제로 한다.

민중신학에 의하면, 민중은 갈릴리에서 민중과 함께 고난을 당한 예수의 삶에서 자신의 모습을 발견하고 고난당하는 자기들이 예수처럼 세상에 대해 메시아적인 사명을 수행하고 있다는 놀라운 사실을 깨닫는다고 한다. 이런 자각을 가진 민중이 주인이 되는 공동체가 참 교회요, 이런 민중에 의해 실현되는 해방이 바로 하느님 나라의 실현이라는 것이다. 특히 한국에서의 신학은 한국인들이 역사적으로 쌓아 온 한(恨)을 푸는 데 이바지해야 한다고 역설한다. 제3시대그리스도교연구소 연구실장 김진호 목사가 안병무 교수의 제자로서 민중신학을 보급하는 데 전념하고 있으며, 미국 데이턴 연합신학대학의 박승호(Andrew S. Park) 교수도 '한(恨)'을 주제로 한 신학에 관한 책을 내고 있다.

| 종교신학

현대 사회의 다원화와 더불어 세계에 그리스도교만 있는 것이 아니라는 사실을 새로이 자각하고, 그리스도인으로서 이들 이웃 종교를 어떻게 이해하는 것이 옳을까 하는 문제를 신학적으로 깊이 반성해 보는 작업이 시작되었는데, 이를 '종교신학(Theology of Religions)'이라 한다. 이와 관련해서 이웃 종교들과 대화하고 협력하는 일에 노력을 기울이자는 종교 다원주의적인 시각도 생겨났다. 이 분야에서 주도적인 역할을 하는 신학자는 영국인 존 힉(John Hick)과 미국인 폴 니터(Paul F. Knitter), 존 캅(John B. Cobb, Jr.) 등이고, 한국에서 선구자 역할을 한 사람은 고 변선환 교수, 정양모 신부, 김경재 교수, 길희성 교수 같은 분들이다.

종교라고 하면 어쩔 수 없이 배타적일 수밖에 없다고 생각하기 쉬운데, 그리스도교에서도 일반적으로 이웃 종교를 대하는 데 크게 다음 네 가지 태도를 보이고 있다.

① 배타주의: 내 종교만 진리 종교다. 네 종교를 버리고 내 종교를 받아들여라.
② 포용주의: 네 종교에도 진리가 있지만 그것만으로는 불충분하다.

내 종교를 받아들여 네 종교를 완성시키도록 하라.

③ 다원주의: 인간인 이상 우리가 가지고 있는 종교는 어쩔 수 없이 모두 불완전하다. 같이 대화해서 우리가 가진 것을 서로 나누고 서로 보완하기로 하자.

④ 독립주의: 너는 네 종교를, 나는 내 종교를, 서로 다름을 그대로 받아들이고 서로에게서 배울 것을 배우자.

이런 네 가지 태도를 폴 니터는 최근에 펴낸 자신의 책에서 다음과 같은 네 가지 다른 이름으로 분류하고 있다.

① 대체 모델(replacement model): 네 종교를 버리고 내 종교로 대체하라.

② 완성 모델(fulfillment model): 네 종교도 좋은 면이 있지만 모자라니 나의 종교로 그것을 채워라.

③ 관계 모델(mutuality model): 우리 종교들 사이에는 여러 공통성이 있으니 서로 이해하고 보완하자.

④ 수용 모델(acceptance model): 서로의 다름을 아름다운 것으로 인정하고 그대로 받아들이며 서로 배울 것은 배우자.[5]

신학자들 중 상당수는 세 번째 다원주의 태도 또는 네 번째 수용 유형을 선호한다. 다원주의 태도는 마치 여러 장님이 각각 코끼리를 만지고 자기들만의 단편적인 생각을 갖지만, 이들이 같이 앉아 서로의 경험을 이야기하고 나누면 코끼리의 실재에 더욱 가까운 그림을 그릴 수 있지 않겠는가 하는 생각과 비슷하다. 수용 유형은 종교간의 공통성보다 다름을 더욱 강조하며, 다르기 때문에 아름답고, 그렇기에 대화가 의미 있을 수 있음을 부각시키는 태도다.

물론 이런 일반적인 흐름에 반대하고 20세기 신정통주의 신학의 거장 칼 바르트(Karl Barth)의 영향 아래 배타적인 태도를 고수해야 한다고 주장하는 그리스도교 신학자들도 있다.

그 외에 생태계의 위기를 두고 신학적으로 성찰하지 않을 수 없다는 절박감에서 '생태신학'이 싹트기도 했다. 이는 흔히 생태계에 대한 태도가 여성에 대한 태도와 병행하는 점이 많다고 해서 여성 신학자들이 많이 다루는 분야이기도 하다. 여성 신학자 중에는 스스로를 생태여성 신학자(eco-feminist theologian)라 부르는 이들이 많다.

이상이 20세기 중반에 대두된 신학의 흐름이라 볼 수 있다. 물론 상당수의 그리스도인은, 특히 한국 그리스도인의 절대다수는 18세기나 19세기의 신학으로 만족하고, 더러는 그 당시 특수한 환경에서 생겨난 특수 신학만이 유일한 진리라 주장하기도 한다. 하지만 여기서 우리가 살펴본 이런 신학 사조와 여러 형태의 신학체계는 다른 사람들보다 일찍이 눈뜬 그리스도교 신학자들이 변화하는 세상에 적극적으로 대처하려는 시도에서 생겨난 결과라 볼 수 있다. 한국 그리스도교는 물론 한국 불교를 비롯해 한국의 전통 종교에서도 현 사회에서 일어나는 급격한 변화에 새롭게 대처하려는 시도가 나타나야 하리라 믿는다.

2부

심층에서 만난 그리스도교

7장

예수의 가르침, 성경

—

• 현존하는 가장 오래된 성경 필사본, 사해두루마리는 1947년 이스라엘 사해 주변 쿰란 동굴에서 발견되었다. 특히 '이사야'는 무려 기원전 2세기까지 거슬러 올라간다.

✚

성경이란 무슨 책인가?

1부에서는 그리스도인이든 그리스도인이 아니든 왜 그리스도교를 좀 체계적으로 아는 것이 좋은가, 종교간의 대화와 상호 이해는 무엇을 위한 것인가, 이웃 종교에 대한 태도에는 어떤 것들이 있는가, 그리스도교는 어떻게 발전해 왔는가 하는 문제를 두고 간단히 살펴보았다.

2부에서는 좀 다른 시각에서 그리스도교의 이모저모를 들여다보고자 한다. 그리스도교 신앙에 대해 이야기하기 전에 먼저 성경에 대해 알아보지 않을 수 없다. 그리스도인들의 경우 예수의 생애와 가르침은 물론, 오늘 그리스도인들의 믿음과 삶을 꼴 지우고 이끌어 가는 기본 가르침이 성경에 기초한 것이라고 보기 때문이다.

따라서 그리스도인들이 믿는 바를 이야기하기 위해서는 그들에게 그렇게도 중요한 성경이 어떻게 이루어졌고, 그것이 어떤 성격의 책인가, 그것을 어떻게 이해하고 해석해야 하는가 등에 대해 알아볼 필요가 있다. 성경에 대해서 어느 정도 알고 나야, 나사렛 예수가 전해 준 가르침의 더 깊은 뜻은 무엇인가, 교회에서 믿는 바는 무엇인가 하는 문제도 이해하기가 쉬워질 것이다.

성경의 구조

그리스도교의 경전을 '성경(聖經)'이라고 한다. 영어로 '바이블(the Bible)'이라는 말은 그냥 '책'이라는 뜻이다. 성경은 크게 '구약(舊約, Old Testament)'과 '신약(新約, New Testament)' 두 부분으로 이루어져 있다. 구약은 대부분 히브리어(Hebrew)로 쓰여진[1] 유대교의 경전을 그대로 받아들인 것이고, 신약은 그리스도교가 생기면서 그리스어(Greek)로 쓰여진 그리스도인들만의 문헌이다.

| 구약
'구약'은 물론 그리스도인들이 '신약'과 대비해서 부르는 성경의 앞부분이긴 하지만, 그것이 유대인들에게는 그대로 그들의 완전한 경전이기에 유대인들 앞에서 그들의 경전을 '구약'이라고 하는 것은 실례되는 말이다. 현재 학계에서는 그리스도교를 논의할 때 신약과 대비되는 말로 사용하는 경우를 제외하면, 일반적으로 '구약'이라는 말 대신 '히브리어 성경' 또는 유대인이 자기들의 경전을 부를 때 사용하는 '율법(Torah)과 선지자(Nebi'im)와 문서(Kethubim)'라는 긴 이름의 첫 글자를 따서 '타나크(Tanakh)'라 하는 것이 일반적이다.

그리스도교 '구약'에 해당하는 히브리어 성경은 그 본래의 명칭이 말해 주는 것과 같이 '율법과 선지자와 문서'라는 세 부분으로 이루어져 있다. 첫째 '율법'에 해당하는 부분은 천지 창조와 아담, 하와를 비롯해 아브라함 등 인류 초기 이야기에 등장한 족장(patriarchs)들의 이야기를 전해 주는 『창세기』, 이집트에서 종살이하던 이스라엘 자손들이 이집트에서 탈출한 경험을 이야기하는 『출애굽기』, 이스라엘이 어떻게 종교적인 삶을 살 것인가 그 규례와 제사법 등을 말해 주는 『레위기』, 이스라엘 자손들의 인구 조사 이야기로 시작해서 그들의 광야 생활을 말해 주는 『민수기』, 야훼 신이 이스라엘 백성들과 새로이 맺는 언약을 주로 다루는 『신명기』라는 다섯 권의 책으로 이루어졌다. 이를 '모세 오경(Pentateuch)'이라 하기도 한다.

근년에 나온 한국 가톨릭 성경에서는 『출애굽기』를 『탈출기』라 번역했다.

히브리어 성경 둘째 부분인 선지서 또는 예언서에 속하는 것으로는 『여호수아』, 『사사기(판관기)』, 『사무엘』, 『역대기』 등과 『이사야』, 『예레미야』, 『에스겔(에제키엘)』 등 대선지서와 『호세아』, 『요엘서』, 『아모스』 등의 12 소선지서 등이 포함되어 있다.

셋째 부분인 문서에 속하는 것으로는 『에스라(에즈라)』, 『느헤미야』, 『에스더(에스테르)』, 『욥기』, 『시편』, 『잠언』, 『전도』, 『아가』 등이 있다.

개신교에서는 이와 같이 유대교 경전에 포함된 것과 같은 내용을 그대로 '구약' 성경으로 받아들이고, 『사무엘』을 『사무엘 상』과 『사무엘 하』로 나누는 등 이를 모두 39권으로 분류해 놓았다. 한편 가톨릭은 이 외에 유대교 전통에서 내려오긴 하지만 유대교가 자기들의 정경(正經)으로 인정하지 않은 『바룩』, 『토비트』, 『유딧』, 『마카베오 상하』 등 10여 권으로 구성된 이른바 '외경(外經, apocryph)'이라는 것을 구약 성경과 동일한 권위를 가진 정경의 일부로 받아들인다.

| 신약

그리스도교에서는 구약이 모두 예수와 그리스도교의 출현을 예표(豫表)하기 위해 쓰여진 준비 단계의 책이라 그 자체로는 완전하지 않다고 여긴다. 구약에 예표된 예수와 예수의 가르침, 거기서 생겨난 그리스도교 신앙을 직접적으로 가르쳐 주는 책은 바로 '신약'이라 주장한다. '신약' 첫 부분에는 예수의 삶과 가르침을 말해 주는 『마태(마태오)복음』, 『마가(마르코)복음』, 『누가(루카)복음』, 『요한복음』의 4복음서가 나온다. 4복음서 중 처음 셋을 일반적으로 '공관(共觀, synoptic) 복음'이라 하는데, 예수의 생애를 약간씩 다르지만 대체로 '공통된 시각에서' 기록했다는 의미에서다. 이 세 복음서에 비해 『요한복음』은 초대 교회에서 발달한 나름대로의 독특한 신학적 입장을 보여 준다는 점에서 다른 복음서와 구별된다.

신약의 4복음서 다음에는 예수의 제자인 사도들이 어떻게 그리스도교를 시작하게 되었는가를 중심으로 그들의 행적을 비교적 소상하게 기록한 『사도행전』이 등장하고, 뒤를 이어 바울(바오로)이 로마에 있는 그리스도인들에게 보낸 편지 형식의 『로마서』 등 전통적으로 바울이 썼다고 여겨지는 14편의 '바울 편지서'가 수록되어 있다. 그다음으로 야고보, 베드로, 요한, 유다가 썼다는 '일반 편지서'가 들어가 있다. 끝으로 사도 요한이 밧모섬에서 계시받은 것을 기록했다는 『요한계시록(묵시록)』이 들어 있다. 이렇게 신약은 모두 27권으로 이루어져 있어 개신교의 경우 구약 39권과 합해 '성경 신구약 66권'이라 통칭하기도 한다.

여기서 그리스도인들의 신앙에 보다 직접적으로 관계된 신약에 대해 약간 부연하면, 신약 성경 27권은 연대기적으로 배열된 것이 아니다. 27권 중 제일 먼저 쓰인 것은 바울 서신의 일부로, 대략 50년대에서 60년대에 쓰였으리라 보고 있다. 바울이 자기가 세운 교회의 교인들에게, 그리스도교 믿음의 내용을 설명하고 그것이 유대교와 어떻게 다른가에 대해 쓴 편지들이다. 복음서들의 경우, 예수를 따르던 사람들이 점점 죽어 가고, 특히 70년 로마가 예루살렘을 공격함으로써 예루살렘 교회와 교회 지도자들이 사라짐에 따라, 예수에 대한 기억이 점점 희미해지자 뭔가 예수의 삶과 가르침을 기록으로 남길 필요가 있다고 생각하고 기록한 것이라 볼 수 있다.

예수가 사망한 후 40년 정도가 지난 70년대에 그동안 구전으로만 내려오던 자료와 초기 기록들을 모아 처음 기록으로 남긴 것이 바로 『마가복음』이었다. 다음으로 『마태복음』 저자와 『누가복음』 저자가 『마가복음』에 쓰인 내용을 근거로 하고 각각 자기들 나름대로 구할 수 있던 다른 재료들을 덧붙여 대략 80년경에 『마태복음』과 『누가복음』을 썼으리라 짐작한다. 이때 『마태복음』과 『누가복음』의 저자들이 『마가복음』 외에 독자적으로 참조한 자료를 'Q'라고 하는데, 이는 독일어로 '자료'를 뜻하는 'Quelle'의 첫 자를 따서 붙인 이름이다. 마지막으로 100년 전후로 『요한복음』이 쓰였으리라 보는 것이 일반적인 견해다.

성경의 정경화

그리스도교에서는 불교에서와 같이 1차, 2차, 3차 결집 같은 것은 없었지만, 그와 비슷한 과정을 통해 오늘 그리스도교에서 가지고 있는 경전이 '정경(正經)'으로 성립되었다. 구약이나 신약의 문헌들은 물론 오랫동안 구전으로 내려오다가 드디어 문자화되고, 그렇게 문자화된 문서들은 일정

기간 각각 독립된 문헌으로 돌아다녔다. 히브리어 성경(구약)의 경우, 그리스도교와 관계없이 유대교 자체 내에서 유대인 학자들이 90년경 팔레스타인 얌니아(Jamnia)에 모여 지금과 같은 내용의 경전으로 확정 지었다. 이렇게 유대교에서 확정한 유대인의 히브리어 성경을 그리스도교에서 그대로 받아들여 그리스도교 정경의 일부로 인정한 셈이다.

신약은 367년에 알렉산드리아의 주교 아타나시우스(Athanasius)가 그때까지 떠돌던 복음서 등 여러 문서 중 27권을 선정해 그 권위를 인정했는데, 이것이 그 후 그대로 신약 성경 '정경'으로 확정되었다. 그러나 정경으로 확정된 뒤 5, 6세기까지도 '일반 편지서' 등 몇 가지 책은 달갑지 않은 책으로 여겨지기도 했다. 특히 마지막 책인 『요한계시록』의 경우, 10세기까지도 그리스도교 전체적으로는 인정받지 못한 책이었다.

다 아는 이야기지만, 성경이란 처음부터 오늘 우리가 보는 책과 같이 얇은 종이에 인쇄된 뒤 가죽 뚜껑에 금박이 칠해진 책으로 제본되어 하늘에서 떨어진 것이 아니다. 구전으로 내려오다가 문자화되고, 그것이 계속 하나하나 손으로 필사되어 전해져 왔기 때문에 인쇄술이 발명되기 전까지는 아무리 조심스럽게 베껴 쓴다고 하더라도 어쩔 수 없이 사본마다 약간씩 다를 수밖에 없었다. 불경이든 성경이든 경전의 '원본'이라는 것은 있을 수 없고, 수많은 필사본들만 있을 뿐이다. 따라서 성경이나 불경에 일점일획의 오류도 없다는 말은, 적어도 그 본문을 두고는 성립할 수 없는 주장이다.

성경에 대한 태도

불교의 경전은 부처님의 제자 아난다가 부처님이 하신 말씀을 "나는 이렇게 들었다(如是我聞)"라는 말로 시작하지만, 그리스도교에서는 성경이 '성령의 감동'으로 쓰여진 '하느님의 말씀'이요 '계시(啓示)'의 책이라 믿는다. 그러나 이런 말들이 구체적으로 무엇을 뜻하느냐 하는 문제에 이르면, 그리스도인들 사이에서도 의견이 서로 다르다. 이른바 보수주의 그리스도인들, 특히 근본주의 혹은 복음주의 그리스도인들은 대체로 성경에는 절대 오류가 있을 수 없다는 '성경무오설'을 주장한다. 심지어 성경은 글자 하나하나가 모두 영감으로 기록되었다는 '축자영감설(縮字靈感說)'을 주장하는 이들까지 있다.

예를 들어 세상이 하느님의 말씀으로 엿새 만에 창조되었다든가, 사람들의 죄 때문에 하느님이 홍수를 보내 온 세상이 물에 완전히 잠기고 노아와 그 가족만 살아남았다는 『창세기』 이야기, 또는 예수가 물 위를 걷고 떡 다섯 개와 생선 두 마리로 5000명을 먹이기도 하고, 죽은 나사로를 다시 살리는 기적을 보였다는 복음서의 이야기 등이 모두 문자 그대로 역사적인 사실이라 믿어야 한다고 주장한다. 이렇게 성경에 나온 이야기들이 모두 문자 그대로 역사적·과학적 사실이라고 믿는 것을 '문자주의(literalism)'라고 하는데, 이런 문자주의 그리스도인들은 성경을 문자적으로 믿어야 참 믿음이라고 여긴다. 전능의 하느님을 믿는다면 그가 우주를 엿새 만에 만들 수 있다고 믿는 것에 아무런 문제가 없다고 주장한다.

이런 입장을 취하는 그리스도인들은 물론 히브리어 성경 처음에 나오는 '모세 오경'도 모세가 직접 쓴 것이고, 복음서들도 그 이름대로 『마태복음』과 『요한복음』은 예수의 제자 마태와 요한이, 『마가복음』과 『누가복음』은 바울의 동역자 마가와 누가가 쓴 것이며, 바울 서신도 14권 모두 바울이 직접 쓰고, 일반 편지서도 그 이름을 가진 저자들이 손수 쓴 것이라 믿는다.

그러나 18세기 계몽 시대 이후 발달된 이른바 '역사 비평학적 접근'으로 성경을 연구하는 현대 성서학자들 대부분과 그들의 연구 결과를 받아들이는 주류 그리스도인들은, 창조나 노아의 홍수나 예수의 기적 등 성경에 있는 이야기들을 어느 한때 실제로 있었던 역사적·과학적 사실이라 문자적으로 받아들일 필요가 없으며, 또 성경을 문자적으로 받아들지 않더라도 그 '상징적' 의미를 발견하면 여전히 성경은 우리를 위한 하느님의 말씀이요 계시로 인정할 수 있다는 입장을 취한다.

이런 진보적인 학자들이나 그리스도인들은 예를 들어 '모세 오경'도 모세가 직접 쓴 것일 수 없다고 본다. '모세 오경' 중 『신명기』 끝 부분에 나오는 모세의 죽음에 관한 기록을 어떻게 모세 자신이 쓸 수 있었겠는가 하는 식이다. '모세 오경'은 내용이나 문체나 용어 등에서 각각 특유한 몇 종류의 문헌이 나중에 편집되어 이루어진 것이지 모세 한 사람이 쓴 것으로 볼 수 없다는 것이다. 예를 들어 『창세기』에 나오는 천지 창조 이야기는 두 가지로서, 『창세기』 1장 1절에서 2장 4절까지 나오는 이야기와 2장 4절 이후에 나오는 이야기가 각각 다른 문서들이었는데, 후대의 『창세기』 편집자가 이 둘을 적절히 짜깁기해서 붙여 놓은 것이라 보는 것이다.[2]

복음서들의 경우도 비슷하다. 복음서들은 처음에는 저자의 이름도 없이 돌아다니다가 후대에 와서 지금 저자들의 이름이 붙여졌다고 본다. 예를 들어 『마태복음』은 예수의 제자 마태가 쓴 것일 수가 없다는 것이다.

예수의 제자 마태가 썼다면 자기가 예수와 함께 살면서 직접 본 것을 그대로 기록하면 될 것인데, 왜 예수의 제자도 아닌 마가가 쓴 『마가복음』에 그 정도로 의존해서 거기서부터 그렇게 많은 구절을 인용할 필요가 있었겠는가?

또 『요한복음』을 예수의 제자 요한이 썼다면, 그가 『요한복음』을 쓸 당시 그는 100세에 가까웠어야 하는 것 아닌가 하는 등의 의문을 제기할 수 있기 때문이다. 그뿐만 아니라 복음서에 예수가 하신 말씀으로 나와 있는 말씀도 사실 모두 다 예수 '자신의 말씀(verba ipsissima)'이라기보다 상당수가 후대의 사상을 예수의 입을 통해 반영한 것이라 본다.[3] 바울 서신 등도 바울이 쓴 것으로 여겨지는 것도 있지만, 이른바 '목회 서신(牧會書信)'이라는 것은 바울의 다른 서신들과 사상이나 문체 면에서 너무나도 다르기 때문이 바울 자신이 쓴 것이라고 보기가 곤란하다는 것이다.[4]

성경을 이처럼 역사 비판적으로, 또는 상징적으로 읽어야 한다고 주장한 신학자 중 하나가 우리가 6장에서 살펴본 루돌프 불트만이다.

성경 읽기의 문제

그리스도인들 중에는 '오직 성경', '성경대로만'을 외치며 성경을 '그대로 믿고' '그대로 따라야' 한다고 주장하는 사람들이 있다. 그러면서 그렇게 하고 있는 자기들은 '성경을 믿는 사람들(Bible believers)'이라고 주장하며, 성경을 읽되 자기들과 다른 생각을 가지면 그들은 성경을 믿지 않는 사람들, 심지어 그리스도인이 아니라고까지 한다.

그러나 이런 주장은 거의 의미가 없다는 사실을 알 필요가 있다. 근래에 발견한 '해석학적 원칙'에서 말해 주듯이, 누구든 성경을 읽을 때 '성경 그대로' 읽을 수가 없다는 사실 때문이다. 그리스도인들 가운데 자기들이야말로 가장 충실하게 성경을 그대로 믿고 그대로 따른다고 하는 사람들마저도 자기들끼리 의견이 상충하는 경우를 보면, 아무리 성경을 그대로 읽으려 해도 그대로 읽을 수 없다는 사실을 깨닫게 된다. 이를 좀 거창한 용어를 써서 이야기하면, 인간은 사물을 볼 때 객관적으로 볼 수 없고 각자가 가지고 있는 역사적·사회적·심리적 제반 조건에 따라 자기 나름대로 사물을 관찰할 수밖에 없다는 것이다.

세상에 아무리 철저한 과학자라 하더라도 결코 사물을 진공상태 속에서 '100퍼센트 객관적으로' 관찰할 수 없고, 자기 시대 자기가 속한 과학 공동체에서 받아들인 '패러다임'에 따라 관찰할 수밖에 없다고 주장한 1960년의 토머스 쿤(Thomas Kuhn)[5] 이후 이제 과학자들마저도 자기들의 과학적 관찰이 절대적으로 객관적이라는 말을 하지 않는다. 자기도 모르게 그 시대에 주어진 '패러다임'에서 자유로울 수가 없고, 결국 '패러다임에 영향을 받으며(paradigm-laden)' 한 관찰일 수밖에 없다는 사실을 겸허하게 인정한다.

성경을 읽을 때도 마찬가지다. 우리가 아무리 성경을 그대로 이해하려고 해도 우리가 가지고 있는 안경에 따라, 우리가 가진 패러다임에 따라 각각 다르게 보고 다르게 이해할 수밖에 없다. 성경 읽기란 곧 자기 개인이나 자기가 속한 집단의 특수 사정에 따른 '해석'에 다름 아니라는 것이다. 이런 엄연한 사실을 알지 못한 채 우리가 쓰고 있는 안경, 우리가 가지고 있는 패러다임에 따른 해석은 옳고 남이 쓰고 있는 안경, 남이 가지고 있는 패러다임에 따른 해석은 안 된다고 주장하는 것은 결국 어린아이가 때를 쓰듯 억지를 부리는 소리라 할 수 있다.

이해를 돕기 위해 한 가지만 예로 든다. 성경 『창세기』 첫 부분에 보면 인류의 첫 여인 하와가 뱀의 꼬임을 받아 '선과 악을 알게 하는 나무의 열매', 통칭 선악과를 따서 자기도 먹고 또 남편인 아담에게도 주어 아담이 먹었다고 되어 있다. 여성 비하 시대, 남성 우위의 사회에서 남녀 차별의 심성을 당연한 것으로 여기던 사람이라면, 이 이야기를 읽고 '아무렴 그렇지, 여자는 유혹에 약하지. 그뿐 아니라 여자는 남자를 유혹하는 위험한 존재이기도 해. 암탉이 울면 집안 망한다는 말 하나 틀릴 게 없지. 암탉이 감히 어디라고. 또 여자는 남자의 그늘 아래 있어야지 혼자 나돌면 위험하다는 거야' 등으로 이해하고, 이것이 '성경대로' 읽고 거기서 얻을 수 있는 유일한 교훈과 진리라 주장한다.

그러나 요즘처럼 성차별을 좋지 않게 생각하는 세상에서는 같은 성경 이야기라도 이와는 완전히 다르게 이해한다. 특히 여성 신학자들 중에는 이 이야기를 '하와가 먼저 선악과를 먹고 선악을 구별할 줄 아는 눈을 떴다. 하와는 아담이 아직도 뭐가 선인지 뭐가 악인지도 모르는 채 그야말로 앞뒤도 못 가리는 철부지 상태에서 헤매는 것을 보고 연민과 자비의 마음으로 그도 선악을 알도록 선악과를 먹게 도와준 거지' 하는 식으로 읽기도 한다.

켄 윌버(Ken Wilber) 같은 초인격심리학자(Transpersoanl Psychologist)는 선악과를 먹었다는 이 이야기를, "인간이 선과 악, 상대 세상과 나라는 것도 분간하지 못하던 '미이분법적(未二分法的, pre-personal)' 의식 상태에서 '이분법적' 의식으로 진화하는 과정을 신화적으로 표현한 것"이라 읽는다.

선악과를 먹었다는 것은 타락이 아니라 한 단계 Up되었다는 주장이다. 이제 인간은 이분법을 뛰어넘는 '초이분법적(超二分法的, transpersonal)' 의식으로 옮겨 갈 차례라는 것이다.[6]

여기서 어느 해석이 옳고 어느 해석이 그르다고 따지려는 것이 아니다. 성경을 '읽는다는 것은 곧 해석하는 것'이라는 기본 원리를 이해하기만 하면 된다. 같은 성경을 보고도 얼마든지 다른 뜻을 끌어낼 수 있고, 이런 각기 다른 해석 가능성에 열린 태도를 가져야 한다는 이야기다.

물론 모든 해석이 다 좋다고 할 수는 없다. 우리가 신이 아닌 이상 어느 한 가지 성경 해석이 옳고, 그것만이 절대적인 진리라고 만용을 부릴 수는 없지만, 성경을 읽고 그대로 믿는다고 하면서 그것 때문에 자기와 생각이 다른 사람들과 계속 싸움만 할 생각이 생긴다거나, 자기만 복 받고 자기들만 천국에 가려는 이기적인 생각이 든다면, 그런 성경 읽기는 결코 좋은 것이라고 할 수 없을 것이다.

이런 식으로 성경을 읽고 해석하되 나를 비우고 이웃을 더욱 사랑하는 방향으로 나아가는 데 도움이 되게 읽고 해석해야 할 것이다. 이것이 이른바 성경을 읽을 때 자문해 보아야 할 '윤리적 해석학(ethical hermeneutics)'의 원칙이라는 것이다. 이와 함께 성경이든 불경이든 그것을 읽고 내 속에 새로운 의식을 일깨우도록 하는 것, 이른바 '환기식 독법(evocative reading)'이 중요하다는 것도 아울러 지적할 필요가 있을 것이다.

영지주의 복음서

성경에 대한 우리의 논의를 끝내기 전에 한 가지 더 기억해야 할 사항이 있다. 초기 그리스도교에서는 앞에서 말한 4복음서 외에 많은 복음서들이 돌아다녔다는 사실이다. 초기 그리스도교 여러 공동체는 저마다 자기들의 신학적 입장이나 필요에 따라 나름대로의 복음서들을 가지고 있었는데, 후대에 와서 신약 성경을 정경화할 때 4복음서 외에 다른 복음서들은 모두 정경에 포함되지 못하고 말았다.

정경에 들어오지 못한 복음서들은 그동안 거의 잊힌 상태였는데, 1945년 12월 이집트 나그함마디(Nag Hammadi)라는 도시에 사는 농부가 땅 밑에서 파낸 4세기경의 항아리에서 콥트어로 된 약 52종의 문서가 나왔고, 그 가운데 이런 잃어버렸던 복음서들의 사본이 들어 있었다. 이 사본들 중에 잘 알려진 것은 『도마복음』, 『빌립복음』, 『진리복음』, 『이집트인 복음』 등이다. 최근에 화제가 되고 있는 『유다복음』도 이런 복음서의 일종이다. 현재까지 20여 종의 복음서와 복음서 단편들이 발견되었다.

이런 복음서들의 일반적인 특징은 그 당시 이집트, 로마 제국, 중동 지방에 성행하던 영지주의(靈知主義, Gnosticism) 사상을 많이 반영하고 있다는 점이다. 영지주의는 나중에 다시 거론하겠지만, "너 자신을 알라"는 말에서 드러나는 것처럼, 내 속에 있는 참나의 실체를 발견하는 깨달음을 통해 해방과 자유를 얻는다는 가르침을 강조하는 종교 사상이었다. 이런 종교의 흐름은 강력한 교회 지도층이 형성되는 것과 함께 시작한 '문자주의'에 의해 억압되다가, 4세기 콘스탄티누스 황제 이후 거의 종적을 감출 수밖에 없었던 것이다.

한 가지 기억할 것은 『도마복음』을 지금까지 영지주의 복음서라 불렀는데, 『도마복음』에서 영지, 곧 깨침을 강조하기는 하지만 일반 영지주의에서 말하듯 모든 것을 환영으로 본다든가, 물질적·육체적인 것을 악으로 본다는 주장은 없다는 점에서 이를 영지주의 복음서라 할 수 없다는 점이다. 『도마복음』에 대해서는 9장에서 별도로 상론할 예정이다.

결론적으로 그리스도교의 경전 성경을 말할 때 명심해야 할 사항은, 그리스도인들의 경우 성경이 그들의 삶에 절대적인 중요성을 지닌 책이라고 고백하는 것이 일반적인 현상이지만, 그 성경에 대한 태도나 이해나 해석은 그리스도인들 사이에서도 극히 다양하다는 사실이다. 우리가 일상에서 만나는 그리스도인들이 어느 교파 어느 전통에 속하느냐, 또 어느 정도로 자기들의 신앙 전통을 깊이 이해하느냐에 따라 그들의 성경관이 천차만별이라 해도 과언이 아니다.

그들의 성경 해석에 따라 불교를 비롯한 다른 이웃 종교에 대해 대화와 화합과 협력 관계를 바라는 이들도 있고, 이를 달갑지 않게 생각하거나 심지어 죄악시하는 이들도 있다. 따라서 "그리스도인들은 성경을 이렇게 이해한다"는 식으로 그들의 성경관을 일률적인 것으로 보는 일이 없도록 해야 할 것이다. 말할 나위도 없이 불교에 속한 사람이 모두, 또는 힌두교에 속한 사람 모두가 불경이나 베다경을 똑같이 이해하고 똑같은 생각을 가지고 있는 것이 아니듯, 그리스도인의 성경에 대한 이해도 이처럼 다 같지 않다.

고백의 언어, 더 깊은 의미

—

- '예수 천국 불신 지옥'?
- 우리 내면 가장 깊은 곳, 우리의 의식 자체를 바꾸라. 그러면 천국이 가까이, 바로 우리 안에 있다!

✝

1장에서 성경에 포함된 4복음서의 기록에 기초해 예수의 출생, 성장, 시험, 갈릴리에서의 활동과 가르치심, 고난과 죽음, 부활, 승천 등에 대해 대략 살펴보았다. 그런데 다시 한 번 강조하고 싶은 것은 이 4복음서에 나온 이야기들을 어떻게 이해해야 할까 하는 문제는 그리 간단하지 않다는 사실이다. 그리스도교 초기부터 지금까지 이런 이야기를 여러 다른 시각에서, 여러 다른 차원에서 이해하려는 시도는 언제나 있었고, 아직도 계속된다. 여기서는 복음서에 나오는 이야기 몇 가지를 예로 들면서 이런 것들이 어떻게 다른 시각, 다른 차원에서 이해될 수 있는가 하는 문제에 대해 잠시 이야기해 보려고 한다.

문자주의를 넘어

앞에서 지적한 것과 마찬가지로, 성경을 오로지 문자적으로만 이해하려는 자세를 '근본주의적인 태도'라 한다. 이런 근본주의적인 태도는 사실 종교의 더욱 깊은 뜻을 이해하는 데 가장 큰 걸림돌이라 할 수 있다. 20세기의 가장 위대한 신학자 중 한 사람인 폴 틸리히가 적절히 지적한 것처럼, "성경을 문자적으로 읽으면 심각하게 받아들일 수 없고, 심각하게 받아들이려면 문자적으로 읽을 수 없다"는 말은 진실이다. 이런 근본주의적인 문자주의는 정도 차이는 있을 수 있지만 어느 종교에서나 거의 보편적으로 발견되는 현상인데, 특히 유대교, 그리스도교, 이슬람에 두드러지게 나타나는 고질이라 할 수 있다.[1]

이제 그리스도교에서는 이런 문자주의를 넘어서서 될 수 있는 대로 성경을 깊이 읽어야 한다고 믿는 사람들이 점점 많아지고 있다. 지각 있는 그리스도교 신학자들 중에는 궁극 실재나 진리는 말로 표현할 수 없으므로 말의 표피적이고 문자적인 뜻에 사로잡히지 말고, 그야말로 '불립문자(不立文字)'의 입장을 취해야 한다고 주장하는 이들이 많아진다는 뜻이다. 성경이나 기타 경전, 그리고 의식(儀式) 등 외부적인 것들은 결국 '달을 가리키는 손가락'이라고 강조하는 선불교의 가르침과 궤를 같이하는 생각이 퍼지고 있는 셈이다.

사실 그리스도교 초기부터 지금까지 성경을 읽을 때 표피적인 문자를 넘어 더 깊은 의미를 찾으려는 노력은 계속되어 왔다. 그러나 4세기 로마 황제 콘스탄티누스가 정치적인 의도를 가지고 그리스도교를 공인하면서 문자주의를 넘어서려는 모든 시도를 억눌렀고, 이에 따라 그 후 1600년간 그리스도교에서는 문자적 성경 읽기가 교회의 주류를 이루는 비극이 초래된 것이다.

여기서 특히 이 문제와 관련해서 소개하고 싶은 것은 초기 그리스도교 영지주의의 가르침이다. 그리스도교 영지주의 또는 영지주의적 그리스도교에서는 모든 종교적 진술에는 적어도 다음과 같은 네 가지 차원이 있다고 주장한다.

① 물리적(physical, hylic, 땅) 차원
② 심리적(psychological, psychic, 물) 차원
③ 영적(spiritual, pneumatic, 공기=영) 차원
④ 신비적(mystical, gnostic, 불) 차원

첫째 차원은 종교와 별로 관계가 없는 일상적인 차원이다. 이른바 육이나 땅에 속한 사람들이 종교와 상관없이 살아가면서 눈에 보이는 데 따라 극히 표피적으로 이해하는 세상이다. 이들이 종교에 관심을 갖고 '물로' 세례를 받으면 둘째 차원으로 들어가는데, 이 단계에서는 예수의 죽음, 부활, 재림 등의 종교적 진술이나 이야기를 '문자적'인 뜻으로 받아들이고, 이런 문자적인 의미에서 일종의 심리적 기쁨이나 안위를 얻는다. '그리스도교의 외적 비밀(the Outer Mysteries of Christianity)'에 접한 것이다.

여기서 나아가 '영으로' 세례를 받으면 예수의 죽음과 부활과 재림 등의 이야기가 전해 주는 셋째 차원의 뜻, 곧 '유비적(allegorical)' 또는 '은유적(metaphorical)' 혹은 '영적(spiritual)' 의미를 파악한 영적 사람이 된다. 이들이 바로 그리스도교의 내적 비밀(the Inner Mysteries of Christianity)에 접한 사람들이다. 이들이 더 나아가 최종적으로 '불로' 세례를 받으면 그리스도와 하나 됨이라는 신비 체험에 이르고, 더 이상 문자적이거나 은유적이거나 영적인 차원의 뜻이 필요 없는 경지에 이르는 것이다.

이를 쉽게 이해할 수 있도록 하기 위해 우리가 늘 쓰는 예화, 산타클로스 이야기를 생각해 볼 수 있을 것이다. 어릴 때는 내가 착한 어린이가 되

면 크리스마스이브에 산타 할아버지가 와서 벽난로 옆에 걸린 양말에 선물을 잔뜩 집어넣고 간다는 것을 문자 그대로 믿는다. 산타 이야기는 나에게 기쁨과 희망과 의미의 원천이기도 하다. 1년 내내 산타 할아버지의 선물을 받기 위해 착한 아이가 되려고 애를 쓴다.

나이가 들면서 우리 동네에 500집이 있는데, 산타 할아버지가 어떻게 그 많은 집에 한꺼번에 찾아와서 선물을 주고 갈 수 있을까, 우리 집 굴뚝은 특별히 좁은데 어떻게 그 뚱뚱한 산타 할아버지가 굴뚝을 타고 내려올 수 있을까, 학교에서 배운 바에 의하면 지금 오스트레일리아는 여름이라 눈이 없다는데 어떻게 눈썰매를 타고 갈 수 있을까 등의 의심이 들기 시작한다.

그러다가 어느 날은 자기 아빠, 엄마가 양말에 선물을 넣는 것을 보게 된다. "아, 크리스마스는 식구들끼리 서로 사랑을 나누는 시간이구나. 나도 엄마, 아빠, 동생에게 선물을 해야지" 하는 단계로 올라간다. 산타 이야기의 문자적인 의미를 넘어선 것이다. 예전처럼 여전히 즐거운 마음으로 똑같이 〈징글벨〉을 불러도, 이제 자기가 산타 할아버지에게서 선물을 받는다는 생각보다는 선물을 서로 주고받는 일이 더욱 의미 있고 아름다운 일이라는 생각을 하게 된다.

좀 더 나이가 들면 크리스마스와 산타 이야기는 교회의 교인 전부 또는 온 동네 사람 모두가 다 같이 축제에 참여해서 서로 선물이나 카드를 주고받음으로써 즐거움을 나누고 사회적 유대를 더욱 강화하는 기회가 된다는 사실을 깨닫는다. 나아가 사회 전체, 세계 여러 곳에 있는 우리보다 불우한 사람들에게 사랑을 베푸는 것, 그뿐 아니라 사회에 정의가 넘쳐나도록, 공정하고 공평한 사회가 되도록 애쓰는 것도 크리스마스 정신을 발현하는 데 필요한 것이라는 사실 또한 깨닫는다.

더 장성하면, 사실 장성한다고 다 이런 단계에 이르는 것은 아니지만, 아무튼 더욱 성숙된 안목을 갖게 되면 크리스마스 이야기에는 하느님이 땅으로 내려오시고 인간이 그를 영접한다는 천지합일의 신비적 의미를 해마다 경축하고 재연하는 의미도 있구나 하는 것까지 알게 된다.

물론 이 예화에서 산타 이야기의 문자적 의미, 윤리적 의미, 사회 공동체적 의미, 신비적 의미 등 점진적으로 심화된 의미를 알아보는 과정이 영지주의에서 말하는 네 가지 발전 단계와 완전히 일치하는 것은 아닐지 모른다. 하지만 적어도 깊은 신앙이란 문자주의를 극복하고 이를 초월함으로써 가능하다는 것을 말한다는 점에서 맥을 같이한다고 볼 수 있을 것이다. 아무튼 이런 이야기를 통해 성경을 비롯한 종교적 진술들에는 여러 뜻이 다중적(多重的) 혹은 중층적(重層的)으로 들어가 있다는 사실을 재확인할 수 있는 셈이다.

지금 서양에서는 종래까지의 근본주의 그리스도교가 많은 이들에게 '반지성적, 문자주의적, 독선적, 스스로 의로운 척, 우익 정치에 무비판적으로 경도된(anti-intellectual, literalistic, judgmental, self-righteous, uncritically committed to right-wing politics)' 종교 집단으로 여겨지고 있다. 이런 식의 그리스도교는 받아들이기도 어렵고, 실천하기도 어려우며, 더욱이 여러 가지로 말썽을 일으키는 경향이 있다고 본다.

따라서 그리스도인으로 살아가는 많은 사람들은 이런 식의 그리스도교에 계속 머물러 있을 수 없다고 느끼고, 또 비그리스도인은 이런 식의 그리스도교에는 도저히 들어갈 수 없다고 생각한다. 결과적으로 이른바 주류(mainline) 그리스도교는 점점 쇠퇴하는 실정이다. 한국도 사정은 대동

소이할 것이라 여겨진다.

　이 같은 그리스도교에 속할 것인가 말 것인가? 이것만이 유일한 선택일까? 일단의 사람들은 이런 식의 그리스도교에 속하기를 거부하는 것이 바로 비그리스도인이 되는 것이라는 공식을 거부하고 새로운 선택을 하기에 이르렀다. 그 선택이 바로 '새로 등장하는 그리스도교(the newly emerging Christianity)'와 함께하는 것이다.

새로 등장하는 그리스도교

여기서 잠깐 소개하고자 하는 것은 이렇게 새로 등장하는 그리스도교에서 예수의 가르침을 어떻게 이해하려 하는가 하는 점이다. 이것은 동시에 필자가 그리스도교에 바라는 희망 사항의 일부분을 투영한 것이기도 하다고 볼 수 있다. 여러 가지 가운데 여기서는 특히 세 조목만 다루어 보고자 한다.

| 예수의 '천국 복음'이라는 것을 어떻게 이해할까

성경 말씀의 표피적·문자적 차원의 뜻을 넘어서는 심층적·영적 차원의 뜻을 찾는 한 가지 구체적인 예로, 예수의 핵심적인 기별 "회개하라 하늘나라가 가까이 왔다"라는 말씀을 어떻게 깊이 이해할 수 있는가 한번 보기로 한다. 사실 이 기별은 예수가 공생애를 시작하면서 제일 처음으로 선포한 기별이며, 동시에 예수의 전 생애를 통해 계속 외친 기별이기도 하다. 성경 표현대로, "그때부터 예수께서는 '회개하라 천국이 가까웠느니라'라고 선포하기 시작하셨다. …… 예수께서 온 갈릴리를 두루 다니시면서 그들의 회당에서 가르치며, 하늘나라의 복음을 선포하며"(『마태복음』 4:17, 23) 다니셨다는 것이다.

우선 물어볼 수 있는 것은 이 문장에서 이 '회개'라는 말이 무슨 뜻일까 하는 것이다. 일반적으로 회개라고 하면 우리는 우리의 과거 잘못을 뉘우치고 새로운 삶을 살겠다고 결심하는 것처럼 윤리적인 차원으로 이해하려고 한다. 그러나 회개의 그리스어 '메타노이아'는 '의식을 바꾸라', '보는 법을 바꾸라', '눈을 뜨라'는 뜻이다. 영어 성경에는 'repentance'로 되어 있는 것이 일반적이지만, 사실은 'conversion'으로 하는 것이 원뜻에 더 가깝다고 볼 수 있다.

"회개하라 천국이 가까웠느니라"라는 말은 그러니까 "눈을 떠서 천국이 가까이 있음을 알라" 또는 "정신 차려라. 천국이란 여기 있느니라"라는 뜻이라 할 수 있을 것이다. 필자는 이를 좀 더 깊이 해석해서, "우리 내면 가장 깊은 곳, 우리의 의식 자체를 바꾸라. 그러면 천국이 바로 가까이에 있다"라는 말로 이해할 수도 있다고 본다. 이런 식으로 '의식의 바뀜'을 요즘 많이 쓰는 말로 하면 'transformation of consciousness(의식의 변혁)'라 할 수 있다.

'하늘나라' 또는 '천국'은 '하느님의 나라' 또는 '신국'과 똑같은 뜻이다. 『마태복음』은 유대인들을 위해 쓰인 책이기 때문에 '하느님'이라는 말을 쓰는 대신 '하늘'이라는 말을 썼을 뿐이다. 하늘나라나 하느님의 나라나 같은 뜻이지만, 유대인이 아닌 우리에게는 그대로 하느님의 나라라는 말이 더 좋지 않은가 생각되기도 한다.

하늘나라 또는 천국이라고 하면 저 하늘 어딘가에 떠 있을 지리적·물질적인 나라로 생각되기 쉽지만, 하느님의 나라라고 하면 그런 지리적인 개념이 덜하기 때문이다. 아무튼 하느님의 나라라고 했을 때 '나라' 또는 '왕국'의 본래 말인 말쿠스(히브리어)나 바실레이아(그리스어)에는 영토 혹은 장소라는 뜻보다 주권, 통치, 원리라는 뜻이 더 강하다. 영어로도 the Kingdom of God보다는 sovereignty of God, reign of God, rule of God, dominion of God, principle of God라는 말을 선호한다.

그러면 하느님 나라가 어디 있다고 하는가? 표피적·문자적 의미에 집중하는 경우 하느님 나라 또는 천국은 하늘 어디에 있고, 우리가 죽어서 가는 곳, 혹은 예수가 재림할 때 이 땅으로 임할 곳 등 '장소'로 생각하게 된다. 물론 이렇게 믿어서 안 된다는 것은 아니다. 그러나 산타 이야기에서 문자적인 뜻보다 깊은 뜻을 알아볼 수 있듯, 우리도 하느님 나라의 더욱 깊은 뜻을 알아보기 위해 노력해야 한다.

먼저 예수 스스로도 "하나님의 나라는 볼 수 있게 임하는 것이 아니요 또 여기 있다 저기 있다고도 못하리니 하나님의 나라는 너희 안에 있느니라"(『누가복음』 17:20, 21)라고 하셨다는 사실을 강조하고 싶다. 예수의 이 말씀은 '하느님의 나라'라는 것이 저 하늘 어디 떠 있다가 이리로 임하는 것이 아니라, 우리 '중에' 또는 우리 '속에' 이미 있는 것임을 주목하라는 말씀이다. 이런 뜻에서 이 하느님 나라란 바로 우리 안에 있는 하느님의 주권, 하느님의 힘, 하느님의 원리, 하느님의 임재, 하느님의 일부를 가리키는 것이라고 보아 틀릴 것이 없다. 영어로 'God within'이다.[2]

그 하늘나라가 '가까이 왔다'고 했다. 앞의 1부에서도 이야기한 것과 마찬가지로, 많은 신학자들이나 그리스도인들은 하늘나라가 가까이 왔다고 했을 때 그것을 '시간'의 개념으로 생각했다. 그래서 예수가 하신 이 말을 두고, 예수는 천국이 이미 임한 것으로 가르치신 것인가, 혹은 그의 생전에 곧 임할 임박한 것으로 가르치신 것인가, 혹은 이미 임했지만 아직 완성된 것은 아니라는 이중적인 뜻으로 가르치신 것인가 등 '언제'의 문제로 논전을 계속했다.

그러나 우리는 여기서 하느님 나라의 가까움을 시간의 개념이 아니라 '거리', '공간', '어디'의 개념으로 받아들일 수 있다. 영어로 'at hand'라는 번역이 더 실감난다. '손 가까이 있다'는 말이다. 하느님의 나라는 시간적으로 어느 때쯤에 올 것인가 하는 문제가 아니라, 공간적으로 바로 내 손 닿는 지근(至近) 거리에 있다는 뜻으로 이해하면 좋지 않겠는가 하는 것이다.

성경에 보면 예수가 우리를 보고 "너희는 먼저 그의 나라와 그의 의를 구하라"(『마태복음』 6:33)고 하셨다. '먼저'라는 것을 보면 인간으로서 우리가 해야 할 최우선 과제가 바로 하느님의 나라를 구하는 것, 그것을 찾는 것이라 볼 수밖에 없다. 그런데 앞에서 본 것처럼, 하느님의 나라가 우리 안에 있다고 하셨으니 우리는 당연히 우리 안을 들여다보고 거기 있는 하느님의 나라를 찾아야 할 것이다.

내 안에 있는 하느님 나라, 그것이 좀 더 구체적으로 무엇이겠는가? 여기서 우리는 성경의 기본 진리에 따라, 또 무수한 믿음의 용사들이 우리에게 전해 주는 증언에 따라, 그리고 세계 여러 종교에서 거의 공통적으로 가르치는 근본적인 가르침에 따라, 그것이 바로 내 속에 있는 하느님의 현존, 내 속에 있는 하느님의 일부분, 내 속에 들어 있는 신적인 요소, 내 속에 임재해 계시는 하느님 자신이라 볼 수 있다고 확신한다.

그런데 더욱 깊이 생각해 볼 수도 있다. 내 속에 계시는 하느님이란 나의 바탕, 나의 근원이란 뜻에서 결국 나의 '참나'이기도 하다. 중세 그리스도교 신비주의자 성 캐서린(St. Catherine of Genoa)이 "나의 나는 하느

8장 고백의 언어, 더 깊은 의미

님이다. 내 하느님 자신 외에 다른 나를 볼 수 없다(My Me is God, nor do I recognize any other Me except my God Himself)"라고 말한 것은 나의 진정한 나는 결국 신일 수밖에 없다는 생각을 잘 표현한 것이라 여겨진다.

따라서 하느님의 나라를 찾는 것은 궁극적으로 나의 가장 깊은 차원의 '참나'를 찾는 것과 같은 것이다. 하느님 나라를 찾는 것은 다석(多夕) 류영모(柳永模) 선생님의 말을 빌리면, 나의 일상적이고 이기적인 '제나'가 죽고 나의 참된 나, '얼나'로 부활하는 것이라 할 수도 있다. 하느님을 '높이'에서 찾을 것이 아니라 '깊이'에서 찾아야 할 것이라는 폴 틸리히의 말 또한 이런 의미에서 의미심장한 말이라 보아야 한다.

영국 사상가로서 『*The Perennial Philosophy*(영속철학)』라는 책을 쓴 올더스 헉슬리(Aldous Huxley)는 세계 여러 종교의 신비주의 전통에서 발견되는 공통점들을 열거하면서 힌두교에서 말하는 "tat tvam asi", 곧 범아일여(梵我一如) 개념을 첫 번째 항목으로 들었다. 헉슬리의 말을 빌리지 않더라도 우리가 관찰할 수 있는 세계 종교들의 심층을 들여다보면 한결같이 "신이 내 속에 있다", "가장 깊은 면에서 신과 나는 결국 하나다"라는 생각을 강조하고 있다. 물론 우리가 잘 알고 있는 것처럼, "내 속에 불성(佛性)이 있다", "내가 곧 부처다" 하는 것을 강조하는 불교의 불성 사상도 이와 맥을 같이하는 것이라 할 수 있다.

불성 사상보다 좀 더 시각적으로 구체적인 표현이 바로 '여래장(如來藏, tathāgatagarbha) 사상'이다. '장(garbha)'이라는 말은 '태반(matrix)'과 '태아(fetus)'라는 이중적인 뜻을 가지고 있기에 우리는 모두 생래적으로 여래, 곧 부처님의 '씨앗'과 그 씨앗을 싹트게 할 '바탕'을 함께 내장하고 있다는 뜻이다. 인간이란 너 나 할 것 없이 모두 이 잠재적 요소를 깨닫고 성불할 수 있는 가능성을 지니고 있다는 것이다. 이런 의미에서 예수가 말하는 천국이 내 속에 있는 하느님의 임재를 의미하는 것이라고 이해한다면, 그의 '천국 복음'도 결국 세계 여러 종교 전통의 심층에서 찾아볼 수 있는 기본 가르침과 궤를 같이한다고 보아 지나칠 것이 없을 것이다.

여기서 한 가지 주의해야 할 점은, 이런 신관은 신의 내재(內在)만을 주장하고 신의 초월(超越)을 무시하거나 신과 나를 전혀 구별하지 않고 양자를 완전히 동일시하는 범신론(汎神論, pantheism)과 분명히 구별해야 한다는 것이다. 이런 종교 전통에서 공통적으로 보이는 입장은 나와 신을 구별해 신의 초월성을 인정하면서 동시에 신의 내재성을 함께 수용하는 이른바 범재신론(汎在神論, panentheism)적 신관이라 할 수 있다. 범재신론은 다른 모든 사물에서와 마찬가지로 "내 '속에' 신적인 요소가 있다", "나의 바탕은 신적인 것이다", "나의 가장 밑바탕은 신의 차원과 닿아 있다"는 것을 강조한다. 말하자면 신의 초월과 동시에 내재를 함께 강조하는 '변증법적 유신론'이라 할 수도 있다.

이와 덧붙여 한마디 할 수 있는 것은 부처님이 태어나자마자 "천상천하 유아독존(天上天下唯我獨尊)"이라 했다는 말을 두고도 여기의 '나(我)'란 '고타마 싯다르타'라는 역사적 개인을 가리키는 것이 아니라 내 속에 있는 불성 혹은 '참나', '우주적인 나'를 가리키는 말이므로, 이 '나'야말로 천상천하에서 오로지 높임을 받아 마땅하다고 한 것이라 풀이할 수 있다고 본다면, 예수가 "나는 길이요 진리요 생명이니라"라고 했을 때 그 '나'도 결국 역사적 예수를 가리키는 것이라기보다 '아브라함 보다 먼저' 있었던(『요한복음』 8:58) 그리스도, 그의 바탕이 되는 신적인 요소, 그의 '참나'를 가리키는 말로 이해할 수 있을 것이다.

| '이런 믿음'

복음서에는 믿음에 대한 이야기가 많이 나온다. 특히 『요한복음』에서는 "하나님이 세상을 이처럼 사랑하사 독생자를 주셨으니 이는 그를 믿는 자마다 멸망하지 않고 영생을 얻게 하려 하심이라"(3:16), "나는 부활이요 생명이니 나를 믿는 자는 죽어도 살겠고, 무릇 살아서 나를 믿는 자는 영원히 죽지 아니하리니"(11:25, 26) 등 '믿음'을 강조하고 있다. 따라서 그리스도인들은 그리스도교가 결국 '믿음의 종교'일 수밖에 없다고 믿는다. 그러나 복음서, 특히 『요한복음』에서 말하는 '믿음'이라는 것이 우리가 지금 일반적으로 생각하는 '그런 믿음'일까? 믿음이란 과연 무엇인가?

전통적으로 그리스도교에서 '믿음'이라고 할 때, 그것은 주로 네 가지 서로 다른 뜻으로 사용된다. 가장 잘 알려진 것에서부터 가장 덜 알려진 것에 이르기까지 그 하나하나를 살펴보고, 그리스도교에서 말하는 '믿음'의 더 깊은 차원을 알아보도록 한다.[3]

승인으로서의 믿음

첫째 종류의 믿음이란 '남의 말을 참말 또는 정말이라고 받아들이는 것'과 같은 믿음이다. 우리가 누구를 믿는다고 할 때, 그가 서울 남대문에 문턱이 있다고 하면 그 말을 정말로 받아들인다는 뜻이다. 내가 직접 서울에 가서 남대문에 문턱이 있는가를 확인하고 그 유무를 알았으면 믿을 필요가 없는데, 내가 가 본 일이 없어 나 스스로 알지 못하기 때문에 남이 하는 말을 듣고 그것을 사실로 받아들이는 것이다. 이런 식의 믿음은 남이 가지고 있는 지식에 의존한다는 의미에서 '한 다리 건넌 앎(second-hand knowledge)'이라 할 수도 있다. 좀 더 거창한 말로 표현하면, '우리가 직접 경험하거나 확인할 길이 없는 것에 대한 진술이나 명제를 사실이라고 인정하는 것'이다. 이것을 좀 더 전문적인 용어로 표현하면 'assensus로서의 믿음'이다. 이 라틴어 단어는 영어 assent의 어근이다. 우리말로 '승인(承認)'이라 옮길 수 있을 것이다.

현재 대부분의 그리스도인들은 믿음이라고 하면 우선 이런 '승인으로서의 믿음'을 제일 먼저 머리에 떠올린다. 이런 식의 믿음이 현재 그리스도인들 가운데서 제일 강조되고, 어느 면에서는 제일 강요되는, 가장 보편적인 믿음 형태이기 때문이다. 거의 모든 경우에 교회에서 믿음이 좋은 사람이라고 하면, 우리가 알지 못하지만 혹은 도저히 믿을 수 없지만, 교회에서 가르치는 것이면 무조건 전부 사실인 것으로 받아들이는 사람을 의미한다. 처음부터 지적할 사항은 이런 종류의 믿음이 그리스도교에서 가장 중요한 것도 아니고, 또 처음부터 가장 보편적인 형태의 믿음으로 내려온 것도 아니라는 사실이다. 그리스도교 역사에서 근대에 와서야 이런 형태의 믿음이 '믿음'으로 강조되기 시작하다가, 근래에는 급기야 믿음이라면 바로 이것이 전부인 것처럼 생각되는 지경에 이른 것이다.

그 이유가 뭔가? 역사적으로 가장 큰 원인은 서양을 휩쓴 계몽주의 사상이다. 17세기 계몽주의와 더불어 과학 사상이 발전하고, 이와 더불어 진리를 '사실(factuality)'과 동일시하는 경향이 생겨났다. 그러면서 성경에 나오는 이야기 중에 사실이라 인정할 수 없는 것들을 배격하기 시작했다. 이렇게 되자 그리스도교 지도자들은 그리스도인들에게 성경에 있는 것들을 '사실'로 받아들일 것을 강요하고, 결국 믿음이란 이처럼 성경에서 사실이라 받아들이기 힘든 것을 사실로, 참말로, 정말로 받아들이는 것과 동일시하게 된 것이다.

8장 고백의 언어, 더 깊은 의미

교회에서 흔히 듣는 대로 "무조건 믿으라", "묻지 말고 믿으라"고 하는 것은 사실 이런 종류의 믿음이다. 이런 종류의 믿음이란 모르기 때문에 믿는 것, 순리로 받아들일 수 없기 때문에 믿는 것, 뭔가 이상하지만 이상해서 믿는 것, 이른바 '지성의 희생' 없이는 인정할 수 없는 것을 '억지로'라도 인정하는 것이다. 이런 종류의 믿음을 참된 믿음이라 받들고, 이런 종류의 믿음이 없는 상태를 '의심'이나 '불신', 나아가 그것을 그대로 죄로 여기는 것이다.

이런 식의 믿음도 물론 믿음이다. 그리고 이런 식의 믿음도 중요하다. 우리 스스로 모든 것을 다 경험할 수 있는 것도 아니고 다 알 수도 없기에, 남의 말을 듣고 그중에 받아들일 것이 있으면 받아들여야 한다. 그러나 이런 식의 믿음만이 믿음은 아니라는 것이다. 이런 식의 믿음만 가지고는 그리스도교에서 가르치는 믿음의 실체를 완전히 이해할 수 없다. 믿음은 이런 믿음 그 이상이다.

예를 들어 믿음이 이런 '승인으로서의 믿음'만을 의미한다면, 예수는 하느님을 믿으셨을까? 믿음이 이런 뜻이라면, 물론 예수는 하느님을 믿지 않으셨다. 믿을 필요가 없었다. 그는 하느님과 하나가 됨으로써 하느님의 아버지 되심을 체험하고 알았을 뿐이지 구태여 하느님에 대한 무슨 진술이나 명제를 받아들일 필요는 없었던 것이다.

예수만이 아니다. 물론 좀 다른 맥락에서이긴 하지만, 초대 교회로부터 종교개혁 시대나 계몽 시대 이전에 살았던 사람들에게도 이런 종류의 '믿음'이라는 것이 전혀 필요가 없었다. 그들이 가지고 있던 '믿음'은 이와 전혀 다른 것이었다. 생각해 보라. 계몽주의 이전 사람들이 성경에 나오는 이야기들을 '억지로 믿을' 필요가 있었겠는가. 땅이 판판하다고 하면 그대로 받아들였고, 해가 움직인다고 했으면 그렇게 믿었을 뿐이다. 그들이 가지고 있던 믿음은 이성이나 지성의 희생에 의해서 받아들이는 '승인으로서의 믿음' 같은 것이 아니었다. 믿음이 이런 것만이 아니라면, 다른 종류의 믿음은 무엇인가?

맡김으로서의 믿음

둘째 형태의 믿음이란 '믿고 맡기는 것'이다. 내가 곤경에 처했을 때 친구를 보고, "나는 자네만 믿네"라고 할 때의 믿음 같은 것이다. 이때 그 친구를 믿는다는 것은 그 친구가 한 말을 참말로 받아들인다는 것과 거의 관계가 없다. 이런 식의 믿음은 어떤 사물에 대한 진술이나 명제, 교리나 신조같이 '말'로 된 것을 믿는 것이 아니라 상대방의 신의와 능력을 믿는 것이다. 전문 용어로 'fiduncia로서의 믿음'이다. 영어로 'trust'라는 단어가 가장 가까운 말이다. 우리말로 하면 '신뢰로서의 믿음', '턱 맡기는 믿음'이라 할 수 있을 것이다.

따라서 '하느님을 믿는다'는 것은 하느님에 대한 교리나 이론을 받아들인다는 것이 아니라, 하느님께 나의 모두를 턱 맡기고 의탁한다는 뜻이다. 이런 믿음은 실존철학자 키르케고르(Søren Aabye Kierkegaard)가 표현한 대로, 천만 길도 더 되는 깊은 바닷물에 나를 턱 맡기고 떠 있는 것과 같은 것이다. 잔뜩 긴장을 하고 허우적거리면 허우적거릴수록 더욱더 빨리 가라앉고 말지만, 긴장을 풀고 느긋한 마음으로 몸을 물에 턱 맡기면 결국 뜨는 것이다. 하느님을 믿는 것은 하느님의 뜨게 하심을 믿고 거기 의탁하는 것이다.

이런 식의 믿음의 반대 개념은 의심이나 불신이 아니라 바로 불안, 걱정, 초조, 안달함이다. 우리에게 이런 믿음이 있을 때 우리는 근심 걱정에서 해방되는 것이다. 예수가 우리에게 가장 강조해서 가르치려 하신 믿음도 바로 이런 믿음이었다. 그렇기에 예수는 우리에게 "공중의 새를 보아라. 씨를 뿌리지도 않고, 거두지도 않고, 곳간에 모아들이지도 않으나, 너희의 하늘 아버지께서 그것들을 먹이신다. …… 들의 백합화가 어떻게 자라는가 보라"(『마태복음』 6:25~32)고 하며 하느님의 무한하고 조건 없는 사랑을 믿고 "무엇을 먹을까 무엇을 입을까 걱정하지 말라"고 하셨다.

이런 믿음은 어떤 신학적 진술이나 교리를 믿는가, 또는 어떤 신학적 입장을 고수하는가 하는 것과 직접적인 관계가 없다. 그렇기에 『마태복음』 8장 5~10절에 나오는 이야기처럼, 예수는 유대인들의 야훼 하느님도 모르고 예수의 신성이나 인성이 뭔지도 모르던 이방인 로마군의 백부장에게 이런 신뢰의 마음이 있음을 보시고 '이런 믿음'이라고 인정해 주신 것이 아닌가?

오늘처럼 불안과 초조, 근심과 걱정, 스트레스와 긴장이 많은 사회에서 우리에게 이런 신뢰로서의 믿음, 마음 놓고 턱 맡김으로서의 믿음은 어떤 진술에 대한 승인이나 동의로서의 믿음보다 더욱 중요하고 필요한 것이 아닌가. 하느님에 대한 이런 믿음, 예수에 대한 이런 믿음은 이런 면에서 우리를 이 모든 어려움에서 풀어 해방과 자유를 주는 믿음이다.

믿음직스러움으로서의 믿음

믿음의 세 번째 종류는 '믿음직스러움', '믿을 만함'이라고 할 때의 믿음이다. 내가 믿음을 갖는다는 것은 내가 믿을 만한 사람, 믿음직스러운 사람이 된다는 뜻이다. 라틴어로 'fidelitas'라 한다. 영어로 faithfulness라 옮길 수 있다. '성실성'으로서의 믿음이다.

믿음을 이렇게 생각할 경우 내가 그리스도인으로서 믿음을 갖는다는 것은 내가 하느님과 맺은 관계에서 계속 믿음직스러움, 믿을 만함, 성실함, 충성스러움을 견지한다는 뜻이다. 물론 이때 조심해야 할 것은 하느님께 대해 성실함을 지킨다고 해서 하느님에 대한 어떤 '교리'나 '진술'이나 '신조'에 대해 그렇게 한다는 뜻은 아니라는 사실이다. 우리의 충성과 성실함의 대상은 하느님 자신일 뿐이다. 하느님에 대한 생각이나 개념은 시대에 따라, 개인의 신앙 성숙도에 따라 어쩔 수 없이 바뀔 수밖에 없다.

내가 어머니에 대해 자식으로서의 도리에 성실하고 믿음직스러움을 유지한다는 것은 내가 어머니에 대해 갖는 나의 생각이 변하지 않는다는 것이 아니다. 어릴 때 내가 가지고 있던 어머니에 대한 생각은 내가 잘못했을 때는 꾸짖으시고, 잘했을 때는 칭찬하시는 분이셨다. 크면서 이런 생각이 바뀌어 어머니는 이제 무엇보다 우리 형제들을 서로 묶어 주는 열쇠고리 같으신 분이다. 어머니에 대한 나의 생각은 이처럼 바뀌지만, 나와 어머니 사이에 있는 끈끈한 부모 자식으로서의 유대에는 변함이 없다는 뜻이다.

믿음직스러움으로서의 믿음이 없다는 것을 성경의 용어로 말하면, 하느님을 떠나 우상을 숭배하는 것이다. 우상 숭배는 참 하느님을 떠나 하느님 아닌 것에 우리의 절대적인 충성을 다하는 것을 의미한다. 상대적인 것을 절대적인 것으로 떠받드는 것이다. 예수가 그 당시 사람들을 두고 '사악하고 음란한 세대'라고 하셨을 때, 그 말은 그들의 간음이나 동성애 같은 것을 꾸짖으신 것이 아니라 하느님께 대한 그들의 배신과 불성실을 꾸짖으신 것이다.

이런 의미에서의 믿음은 궁극적이 아닌 일체의 것, 예를 들어 돈이나

명예나 출세나 성공이나 권력이나 교회나 교리나 교단이나 국가나 사회
주의니 공산주의니 하는 무슨 주의나 사상 같은 가짜 하느님을 하느님처
럼 절대적인 것으로 떠받드는 일체의 일을 금한다는 뜻이다. 특히 하느님
이 아니라 하느님에 대한 교리를 절대화하는 것은 하느님을 떠나 교리를
우상화하는 것, 하느님이 아닌 가짜를 절대화하는 행위에 해당하는 '믿음
없음'일 수밖에 없다. 하느님에게 성실하다는 의미로서의 믿음은 그러므
로 결국 하느님만을 절대적으로, 마음과 뜻과 정성을 다해 사랑한다는 뜻
이다. 하느님을 사랑하는 것은 또 그가 사랑하시는 것, 우리의 이웃과 그
가 만드신 이 세계를 사랑하는 데 성실하다는 뜻이기도 하다.[4]

봄으로서의 믿음

이제 마지막으로 앞에 예거한 것들과 약간 성격을 달리하지만, 그래도 일
종의 믿음이라 할 수 있는 '봄으로서의 믿음'에 대해 생각해 볼 차례다. 이
른바 'visio로서의 믿음'이다.

이런 믿음에서 가장 중요한 요소는 사물을 있는 그대로 봄(seeing things
as they really are)이다. 좀 어려운 말로 하면 사물의 본성(nature)이나 실재
(reality), 사물의 본모습, 실상(實相), 총체적인 모습(the whole, totality)을 꿰뚫
어 봄이다. 이런 믿음은, 말하자면 직관, 통찰, 예지, 깨달음, 깨침, 의식의
변화 등을 통해 자연스럽게 얻어지는 일종의 확신(conviction) 같은 것이다.
일종의 세계관이나 인생관이나 역사관 같이 세계와 삶에 대한 총체적인 신
념 같은 것이다. 영어로 'I see!' 했을 때 무엇을 진정으로 보고 거기에 따른
확고한 믿음을 갖게 되는데, 이럴 때의 믿음 같은 것이라 이해할 수 있다.

우리가 갖는 이런 확신을 꼴 지우는 봄에도 크게 두 가지가 있을 수 있

다. 첫째는 모든 것을 이분법적 '적대 관계'로 보는 것이다. 우리를 둘러싸고 있는 모든 것을 우리에게 위험하고 위협적인 것으로 보는 태도다. 상극(相剋)의 세계관이다.

세상을 이런 식으로 보는 믿음은 결국 우리를 방어적인 사람, 일종의 피해망상증 환자로 만들기 쉽다. 이런 믿음을 가지면 심지어 하느님마저도 우리를 위협하는 공포의 대상이 될 수 있다. 하느님의 율법을 범하는 것이 아닌가, 그의 형벌을 받는 것이 아닌가, 노심초사하며 사느라 신앙생활이라는 것이 한없이 고달프다. 세상을 있는 그대로 보지 못한 데서 온 비극적인 삶이라 할 수 있을 것이다.

세상을 보는 두 번째 방법은 세상을 아름다운 것, 좋은 것으로 보는 것이다. 세상의 모든 것이 우리를 위해 있는 것, 우리를 '살리기 위한 원리'에 따라 움직이는 것이라고 믿는 것이다. 상생(相生)의 세계관이다. 성경의 용어로 말하면, 세계를 신묘막측(神妙莫測)한 것으로, 은혜스러운 것으로, 선한 사람이나 악한 사람 모두에게 때에 따라 비를 주시고 햇빛을 주시는 사랑의 하느님이 보살피시는 세계로 보는 태도다.

이런 세계관, 이런 실재관을 가지고 있으면 넉넉해질 수 있다. 자유와 기쁨과 평화와 사랑과 자비로 특징지어지는 삶을 살 수 있다. 나 외의 다른 사람이나 사물을 나를 위해 존재하는 것으로, 나도 남을 위해 존재하는 것으로, 상호 의존, 상호 연관, 상즉상입(相卽相入)의 원리로 세계를 바라보므로, 화해와 조화의 삶을 즐길 수 있다. 사실 이런 믿음, 확신, 세계관이 있을 때 하느님께 또는 우주의 원리에 나를 턱 맡길 수 있는 신뢰로서의 믿음도 가능하다고 볼 수 있다.

어떻게 이런 적극적인 세계관에 입각한 올바른 확신을 가질 수 있을까? 여기에 기도라든가 성경 공부라든가 예배 등과 같은 종교적인 실천과 수행의 문제가 등장한다. 이런 것들을 통해 우리는 사물을 바르게 보는 '관(觀, visio)'을 얻을 수 있기 때문이다. 이런 실천과 수행 문제는 별도의 문제이기에 다른 기회를 기다려 본다.

대략 이렇게 믿음에 대한 뜻을 정리해 보았다. 성경에서 '믿음'이라고 할 때 무조건 교회에서 가르치는 교리나 성직자의 말을 그대로 받아들이는 것이 아니라는 사실을 알게 되었다. 새로 등장하는 그리스도교는 믿음이라고 할 때 새로운 깨침, 의식의 변화에 의해 우주와 삶을 보는 새로운 눈의 뜨임, 그로 인해 얻을 수 있는 자비의 마음 같은 것을 더욱 중요시한다는 사실에 주목할 필요가 있다.

| 기적의 더욱 깊은 뜻은?

복음서에는 예수가 여러 기적을 행했다는 기록이 있다. 물 위를 걷는다든가, 떡 다섯 개와 생선 두 마리로 5000명을 먹였다든가, 장님의 눈을 뜨게 했다든가 하는 기적이다. 여기서 먼저 주목해야 할 일은 성경에서 이런 기적을 '표적'이라고 했다는 사실이다. '표시'라는 말이 더 이해하기 쉽다. 영어로는 'signs'라 번역했다.(『요한복음』 3:11) 어느 쪽으로 가라고 방향을 가리킬 때 검지(집게손가락)로 가야 할 방향을 표하거나 화살표를 사용하는데, 이렇게 사용되는 것들이 signs다. 화살표나 검지 자체가 중요한 것이 아니라 그 표시를 따라 우리가 올바른 방향으로 가는 것이 중요하다. 불교 용어로 하면 '달을 가리키는 손가락'이다. 손가락의 유일한 임무는 우리가 달을 보도록 하는 것이다. 성경에 나오는 기적 이야기도 그런 기적이 우리에게 어느 방향으로 갈 것인가를 가리키는 것이지, 그 기적 자체가 역사적으로나 과학적으로 가능하냐 가능하지 않냐 하는 것과는 직접 관계가 없다는 것이다.

『요한복음』에 이런 기적 이야기가 많이 나오는데, 특히 11장 1~45절에 보면 베다니라는 마을에서 그의 누이동생들 마리아와 마르다와 함께 살다가 죽은 '나사로'라는 청년을 다시 살리는 이야기가 나온다. 나사로를 부활시키는 이 기적은 가나에서의 혼인 잔치에서 물로 포도주를 만드는 기적으로 시작되는 『요한복음』의 일곱 가지 기적 가운데 최후 최고의 기적이다. 물론 이런 엄청난 기적 이야기도 문자적·표피적 의미로 받아들일 수 있다. 그렇게 문자적으로 받아들여도 믿을 수만 있다면 나름대로 감동을 받을 수도 있다. 그러나 그 이야기를 표시, 사인으로 본다면 그 이야기가 가리키는 방향으로 더욱 깊이 들어가 더욱 큰 뜻을 찾아보는 노력이 있어야 할 것이다. 더욱 깊은 뜻을 찾기 위해 우선 몇 가지 관찰할 수 있는 사항이 있다.

첫째, 이렇게 죽은 사람을 살리는 것같이 경천동지(驚天動地)할 대사건이 어찌 『요한복음』을 제외하고 다른 문헌에서는 전혀 언급이 없는가 하는 것이다. 일반 세상 문헌에서야 그 당시 예수가 그렇게 중요한 인물로 여겨지지 않았으니 그의 행적에 해당되는 이런 일을 무시할 수도 있었겠지만, 예수의 생애에 초점을 맞추고 있는 다른 복음서들이 어찌 예수가 행하신 이렇게 중대한 사건에 대해 침묵한다는 말인가?

둘째, 이 이야기는 예수가 베다니(Bethany)에서 죽은 나사로(Lazarus)를 다시 살리셨다는 것이다. 이 이야기가 정말로 있었던 역사적인 사건을 기술한 것일까? 이집트의 「사자(死者)의 서(書)」에 보면, 아누(Anu)라고 하는 이집트 도시에서 죽음과 부활을 재현하는 예식이 매년 거행되었다고 한다. 그런데 이 지명 Anu를 히브리어식으로 부르면 '베들레헴(떡의 집)'이라는 지명처럼 '집'이라는 뜻의 'Beth'가 덧붙여져 BethAnu가 되고, 여기서 Bethany가 된다는 것이다.

또 이 예식에서 이집트 신 호루스(Horus)는 죽은 자기 아버지 오시리스(Osiris) 신이 묻힌 동굴 무덤 안을 향해 "일어나 나오십시오" 하고 외친다. 그러자 오시리스 신이 살아서 밖으로 나온다. 그런데 이 오시리스 신은 예전에 아사르(Asar) 또는 아자르(Azar)라는 이름을 가지고 있었다. 이 이름에다 '주님'과 같은 용법의 히브리어 엘(el)을 붙이면 El-Asar가 된다. 여기에다가 라틴어 남성 명사 어미인 'us'를 끝에다 붙이면 El-Asarus가 된다. 그 후 앞의 모음 'e'가 탈락되어 Lasarus가 되었다는 것이다.

그 외에 '울었다'는 것, 마리아와 마르다의 등장, 마리아가 예수를 모시고 나사로의 무덤으로 인도했다는 것 등 모두가 『요한복음』보다 5000년 이상 오래된 이집트의 이야기에 그대로 나타나 있다는 것이다.

셋째, 다시 물어보지만, 이런 사실은 무엇을 말하는 것일까? 이 나사로의 부활 이야기에서 중요한 것은 그것이 역사적이냐 아니냐 하는 문제가 아니라는 것이다. 『요한복음』의 저자는 우리에게 역사를 가르쳐 주기 위한 역사 교과서를 쓴 것도 아니고, 예수의 생애를 다큐멘터리 영화를 찍듯 그대로 전달하려고 한 것도 아니다. 저자가 말해 주려는 본의는 우리 속에 있는 참된 자아, 참'나'가 부활해야 함을 상징적으로 이야기함으로써, 우리도 우리 속의 참 자아를 찾아야 한다는 사실을 일깨워 주기 위함이라는 것이다. 이것이 이런 기적 같은 이야기에서 우리가 얻어야 할 더욱 깊은 뜻이라 볼 수 있다.

9장

깨달음의 언어, 『도마복음』

—

• 1945년 이집트 나그함마디에서 발견된 문서들. 이중에서 가장 주목을 받은 『도마복음』은 처음부터 끝까지 '깨우침'을 강조한다.

이 장에서는 필자가 펴낸 『도마복음』 풀이 책[1]을 중심으로 『도마복음』이 그리스도교와 이웃 종교, 특히 불교와의 만남에서 어떤 의미가 있고, 또 앞으로 어떤 위치를 차지할까 하는 문제를 다루려고 한다. 도마가 인도로 갔는가, 도마와 인도가 어떤 관계를 가졌는가 등의 문제를 가지고 역사적 진위를 밝히는 작업은 이 글의 범위 밖의 것으로 논의에서 제외됨을 처음 부터 밝히는 바다.

심층에서 만나다

세계 여러 종교를 살펴보면 각 전통에는 두 가지 층이 있음을 발견하게 된다. 이를 쉬운 표현으로 하면 표층(表層)과 심층(深層)이라 할 수 있다. 서양 말로는 엑소테릭(exoteric)과 에소테릭(esoteric)이라 하는데, 불교 용어로는 현교적(顯教的) 차원과 밀교적(密教的) 차원이라 할 수 있을까.

표층 종교의 가장 두드러진 특색은 경전을 문자적으로 받아들이고, 종교를 자기중심적인 이익을 위한 수단으로 생각하는 것이다. 이와 대조적

9장 깨달음의 언어, 『노마복음』

으로 심층 종교의 가장 큰 특징은 경전의 문자적인 뜻 너머에 있는 더 깊은 뜻을 깨쳐 나가려고 노력하고, 무엇보다 종교를 자기중심적인 나를 비우고 내 속에 있는 참나를 찾는 길로 받드는 것이다. 내 속에 있는 참나는 결국 절대자이기에, 그 절대자와 내가 하나라는 깨달음에 이르는 것을 최고의 가치로 삼는다.

불교에도 표층 불교, 심층 불교가 있고, 그리스도교에도 표층 그리스도교, 심층 그리스도교가 있다. 이슬람, 힌두교 등도 마찬가지다. 물론 각 종교마다 표층과 심층 중 어느 것이 얼마나 더 두터우냐 하는 비율상의 차이점은 있을 수 있다. 일반적으로 불교는 그 명칭이 말해 주는 것처럼 기본적으로 성불, 곧 깨달음을 목표로 하는 종교라 할 수 있다. 말하자면 심층을 강조하는 종교라는 뜻이다. 그러나 불자들 모두가 다 성불을 궁극 관심사로 여긴다고 할 수는 없을 것이다. 현재 많은 불자들이 기복을 중심으로 하는 종교 생활을 영위하는 것이 현실이고, 이것은 어느 의미에서 이상할 것도 없는 현상이라 보아야 한다. 대부분의 종교인은 표층적인 관심에서 시작해 심층적인 차원으로 들어가는 것이 일반적이기 때문이다.

한편 그리스도교는, 적어도 한국의 경우를 보면 대부분이 표층적 차원에 머물고 있다고 해도 과언이 아니다. 심지어는 그리스도교에 깨달음이라는 심층의 차원이 있는지도 모르는 것이 일반적인 현상이다. 그뿐 아니라 심층을 이야기하는 다른 그리스도인들을 보면 이단이라든가, 심지어 그리스도인이 아니라고 주장한다. 불교와 그리스도교가 다른 점 한 가지는, 불교인들의 경우 자기는 아직 표층에 머물러 있지만 깨달음 같은 심층을 목표로 삼고 있거나 심층적인 불교를 받들고 있는 사람을 비난하거나 정죄하지 않는 반면, 그리스도인들의 경우는 그리스도교의 심층적 차원을 이상으로 여기거나 그런 것에 대해 이야기하는 사람들을 보면 대부분 그들을 배척하고 정죄한다는 사실이다. 정통 그리스도교에서 류영모, 함석헌 선생님을 백안시하거나 배척한 것이 그 좋은 예라 할 수 있다. 물론 이런 일이 한국 그리스도교에 비일비재하다는 사실이 한국 그리스도인들만의 책임이나 잘못은 아니다. 왜 그런가?

『도마복음』의 배경

1세기에 그리스도교가 발생하고 2, 3세기에 걸쳐 발전하면서 그리스도교 안에도 몇 갈래의 신앙 형태가 생겨났다. 지금 우리의 분류를 적용하면, 초대 교회에 크게 표층적인 그리스도교와 심층적인 그리스도교가 병존했다고 할 수 있다. 단순히 믿는 믿음의 단계에 만족하는 표층 그리스도인들이 있었고, 이런 단순한 믿음의 단계를 지나 사물의 실상을 꿰뚫어 보는 깨달음의 단계를 추구하는 심층 그리스도인들이 있었다. 이들 심층 그리스도인들은 '물'로 세례를 준 세례 요한의 세례는 오로지 '첫 단계'에 불과하므로 이에 만족하지 말아야 한다고 보았다. 그들은 세례 요한 스스로도 자기 뒤에 오실 예수가 "성령과 불로"(『마태복음』3:11, 『누가복음』3:16) 세례를 주리라고 예언했는데, 바로 이런 세례를 받아 영적으로 눈을 떠야 한다고 생각했다.

심층 그리스도인들의 주장에 따르면, 물로 세례를 받았을 때는 하느님을 창조주나 심판자로 믿고 우리 스스로를 '하느님의 종'으로 여기고 살았지만, 성령과 불로 세례를 받아 새로운 깨달음을 얻으면 이제 하느님을 모든 존재의 근원으로 보고 자기들을 '하느님의 자녀'요 '상속자'로 확신한다는 것이다. 이제 질투하고 진노하는 그런 하느님이 아니라 사랑과 자비로 충만한 새로운 하느님, 우주의 질서로서의 하느님을 발견하게 된다는 것이다. 이렇게 성령과 불로 받는 제2의 세례를 아폴루트로시스(apolutrosis)라 불렀는데, 이는 노예가 노예 신분에서 풀려나는 것과 같은 '놓임'이나 '해방', '해탈'을 뜻하는 말이었다.

특히 주목할 것은 표층 그리스도인들이 예수의 말씀을 문자적으로 받아들이고 그대로 믿는 '믿음'을 강조한 데 반해, 심층 그리스도인들은 예수의 말씀 속에 감추어진 '비밀'을 깨달아야 한다고 주장했다. 이렇게 비밀을 깨달아 아는 것을 그들은 '그노시스(gnōsis)'라 불렀다. 한문으로 이를 보통 '영지(靈知)'라고 번역하고, 영어로는 'knowledge'라 옮긴다. 그노시스는 앎이긴 하지만 남이 가르쳐 주어서 아는 앎이 아니라 스스로 눈이 뜨여 사물의 깊은 차원을 봄으로써 '아하!'를 외치게 하는 앎이다. 이런 의미에서 우리말로 '깨침' 또는 '깨달음'이라 하는 것이 원뜻에 가깝다. 그노시스는 불교의 '반야(般若, Prajñā)', 곧 혜(慧) · 명(明) · 지혜(智慧), 현대어로 통찰, 꿰뚫어 봄, 직관 등에 해당하는 말이라 할 수 있다.

물론 심층 그리스도인들은 상대적으로 소수에 속했다. 초대 교회 지도자들의 입장에서 보면 교회 내에 있는 이런 소수의 심층 그리스도인들이 눈엣가시처럼 여겨졌다. 이런 소수의 과격한 주장이 절대다수를 이루는 표층 신도들과의 차별화를 불러오기 때문에 교회 내에 불필요한 분열을 조장한다고 보았다. 특히 이들 심층 그리스도인들은 스스로의 깨달음을 강조했기 때문에 교회 내의 계급 제도라든가 조직에 크게 의존하지 않는 성향을 보이므로 교회의 권위와 일치를 저해하는 세력으로 여겨졌다.

이런 몇 가지 이유로 초대 그리스도교에서는 불행하게도 심층 그리스도교가 억압받고 박해받는 소수의 입장에 처하게 되었다.

그러다가 4세기에 이런 심층 그리스도교는 지하로 내려가거나 쇠퇴하고 만다. 이집트 알렉산드리아의 젊은 추기경 아타나시우스(Athanasius)가 등장했기 때문이었다. 4세기 초 로마 제국을 통일한 콘스탄티누스 황제가 제국을 통치할 하나의 종교 이데올로기로 기독교를 공인하면서, 콘스탄티누스 황제는 그리스도교 지도자들에게 그리스도교를 '하나의 하느님, 하나의 종교, 하나의 신조, 하나의 성서'로 통일할 것을 요청했다. 그에 따라 325년에 니케아 공의회가 열렸다. 여기서 예수를 하느님과 '동질(homoousia)'이라 주장하던 아타나시우스가 예수의 인성을 주장하던 아리우스(Arius)파를 물리치는 데 혁혁한 공을 세웠다.

아타나시우스는 당시 그리스도교 공동체의 다양한 신앙 형태에 따라 서로 다른 생각들을 드러내던 그리스도교 문서들을 일괄 정리할 필요를 느꼈다. 그는 그때까지만 해도 쪽복음처럼 개별적으로나 몇 개의 부류로 떠돌아다니던 그리스도교 문헌들 중 27권을 선별해 그리스도교 경전으로 정경화하는 데 결정적인 역할을 했다. 이것이 지금 그리스도교에서 신약(新約)이라 부르는 그리스도교 경전이다. 그는 한 걸음 나아가 자신의 영향력을 행사해서 367년 자신의 신학적 판단 기준에 따라 '이단적'이라고 여겨지는 책들을 모두 파기 처분하라는 명령을 내렸다.

심층 그리스도인들이 가지고 있던 깨달음 중심의 문서들은 물론 이런 파기 처분 대상 1호였다. 불행 중 다행으로 이집트에 있던 그리스도교 최초의 수도원 파코미우스(Pachomius)의 수도승들이 그 수도원 도서관에서 이런 문헌들을 몰래 빼내 항아리에 넣어 밀봉한 다음 나중에 찾기 쉽도록 산기슭 큰 바위 밑에 있는 땅속에 숨겨 놓았다.

이렇게 숨겨진 문서가 1600년이 지난 1945년 12월 이집트 카이로에서 남쪽으로 500킬로미터 떨어진 나그함마디에서 발견되었다. 열세 뭉치로 묶여 있던 이 파피루스 서류 뭉치들 속에는 모두 52종의 문서가 들어 있었는데, 여기에는 지금 그리스도교에서 가지고 있는 정경에 포함되지 않은 여러 이름의 복음서들, 예를 들어『도마복음』, 『빌립복음』, 『진리복음』, 『이집트인 복음』, 『요한의 비밀서』등이 있었다.

이런 문서들 가운데 가장 크게 주목받은 것은『도마복음』이었다. 초기 그리스도교 전통에서 도마가 예수의 쌍둥이 형제로 알려졌던 것도 그 이유 중 하나였지만, 무엇보다 중요한 이유는『도마복음』이 우리가 일반적으로 가지고 있던 그리스도교에 대한 이해를 혁명적으로 바꾸어 주었기 때문이다. 22세에 옥스퍼드대학 교수가 되고, 그 뒤 신비주의에 관해 방대한 저술을 한 앤드루 하비(Andrew Harvey) 같은 이는 1945년에 발견된 이『도마복음』이 같은 해 8월 일본 히로시마와 나가사키에 투하된 원자폭탄에 버금가는 폭발력을 가진 문헌이라고까지 하면서『도마복음』의 중요성을 강조했다.

『도마복음』을 읽을 경우, 그리스도교에는 표층적인 신앙 형태가 주종을 이루고 심층적인 차원은 거의 없는 것이 아닌가 하던 종래까지의 일반적인 오해를 불식(拂拭)시키기에 충분하다는 뜻이다.『도마복음』은 처음부터 끝까지 '깨침'을 강조하고, 거기 나오는 예수는 스스로 깨친 이로서 제자들에게 '깨침'을 가르치는 분으로 묘사되어 있기 때문이다.

『도마복음』의 특징

나그함마디에서 발견된 『도마복음』은 사본의 필체로 보아 대략 350년경에 필사된 것으로 짐작하고 있다. 그러나 『도마복음』 자체는 여러 정황을 참작해 볼 때 약 100년경에 지금의 형태로 완성되었을 것으로 보인다. 그렇지만 그 내용의 상당 부분은 50년에서 60년까지 거슬러 올라가는 것들이라 여겨지는데, 그렇게 본다면 『도마복음』은 성경에 나오는 다른 복음서들에 비해 적어도 10년 내지 20년 정도 더 오래된 전승을 포함한 복음서라는 이야기가 된다.

『도마복음』의 가장 두드러진 특징은 그것이 114절의 간단간단한 예수의 말씀만 적어 놓은 '어록'이라는 점이다. 이 말씀들 중 약 50퍼센트 정도가 성경에 나오는 공관 복음서들의 말씀과 평행을 이룬다. 그러나 『도마복음』이 공관 복음과 다른 가장 중요한 특징은 공관 복음에서 많이 언급되는 예수의 기적, 예언의 성취, 재림, 종말, 부활, 최후 심판, 대속 등에 대한 언급이 전혀 없고, 그 대신 앞에서 언급한 것처럼 내 속에 빛으로 계시는 하느님을 아는 것, 이것을 깨닫는 '깨달음'을 통해 내가 새사람이 되고 죽음을 극복할 수 있다는 것을 계속 강조한다는 점이다.

특히 『요한복음』과 비교하면 그 특징이 더욱 두드러진다. 『요한복음』에는 "그를 믿는 자마다 멸망하지 않고 영생을 얻게 하려 하심이다"(3:16)라고 하거나, 예수를 "나의 주님이시요 나의 하나님"(20:28)으로 믿는 등 '믿음(pistis)'을 강조하고, "보지 못하고 믿는 자들은 복되도다"(20:29)라고 한 데 반해 『도마복음』에는 '믿음'이라는 낱말이 딱 한 번, 그것도 제자의 입을 통해 나오기 때문이다. 이런 의미에서 『도마복음』에 나타난 예수의 가르침은 깨침을 궁극 목적으로 하는 불교나 기타 세계 신비주의 심층 종교 전통과 궤를 같이한다고 보아도 좋을 것이다.

『도마복음』과 불교

필자는 그동안 논문이나 책을 통해 불교와 그리스도교가 격의 없는 대화를 통해 서로 배울 것은 배우고 가르칠 것은 가르쳐 주는 협력 관계를 이루어야 한다고 강조해 왔다. 불교와 그리스도교가 대화를 한다면 무엇보다 함께 머리를 맞대고 어떻게 하면 더욱 많은 사람들이 표층 종교에서 심층 종교로 들어갈 수 있을까 하는 문제를 가지고 의논하는 것이 바람직하다는 뜻을 이곳저곳에서 발표한 적이 있다.[2]

　이제 여기서는 좀 더 구체적으로 『도마복음』 가운데 불교의 기본 가르침과 맥을 같이하는 것 몇 구절을 인용해 불교와 연관 지어 살펴볼 것이다, 이런 작업을 통해 불교와 그리스도교의 대화가 어떻게 더욱 활기 있게 진행될 수 있을까를 모색해 보는 계기가 마련되었으면 하고 기원해 본다.

> 22절: 예수께서 젖을 먹고 있는 아이들을 보시고 제자들에게 말씀하셨습니다. "이 젖 먹는 아이들이 하느님의 나라에 들어가는 이들과 같습니다." 제자들이 그에게 물었습니다. "그러면 우리가 아이들처럼 그 나라에 들어갈 수 있겠습니까?" 예수께서 말씀하셨습니다. "여러분이 둘을 하나로 하고, 안을 바깥처럼, 바깥을 안처럼 하고, 높은 것을 낮은 것처럼 하고, 암수를 하나로 하여 수컷은 수컷 같지 않고, 암컷은 암컷

같지 않게 하고, 새로운 눈을 가지고, 새로운 손을 가지고, 새로운 발을 가지고, 새로운 모양을 가지면, 그러면 여러분은 그 나라에 들어갈 것입니다."

『도마복음』의 핵심과 특징을 가장 잘 나타내는 구절 중의 하나라 할 수 있다. 『도마복음』 4절에서 늙은이라도 갓난아기에게서 배워야 한다고 했는데, 여기서는 그 젖먹이 갓난아기에게서 무엇을 배워야 하는가를 구체적으로 이야기하고 있다.

성경 복음서에도 같은 말이 있는데, 거기에는 어린아이나 갓난아기라는 말이 없다. 또 천국에 들어가는 요건으로 "어린아이와 같이 자기를 낮추는"(『마태복음』 18:4) 것이라는 말이 있을 뿐이다. 그런데 『도마복음』에는 자기를 낮춤이 그 나라에 들어가는 것이나 천국에서 큰 자로 인정받는 것과 직접 관계가 있다는 말이 없다. 그와는 달리 『도마복음』은 그 나라에 들어가기 위한 요건으로 '젖먹이 갓난아기같이 됨'이라고 하고, 단도직입적으로 그 이유를 밝히며, 이 젖먹이 갓난아기들이야말로 '둘을 하나로' 하기 때문이라고 했다. 둘을 하나로 만든다는 생각은 4절과 22절에 나왔고, 23절, 48절, 106절에도 계속 나온다. 무슨 뜻인가?

첫째, 물리적으로 갓난아기는 남성의 아버지와 여성의 어머니 '둘이 하나가' 되어 생긴 결과다. 그 아이도 나중에는 대부분 남성이나 여성이 되겠지만, 아직 할례를 받기 전의 갓난아기는 남녀로 분화되지 않은 하나의 상태, 합일의 상태라 할 수 있다. 반대같이 보이는 것을 한 몸에 합치고 있는 종합이다.

둘째, 이보다 더욱 중요한 것은 인식론적으로 아이는 아직 나와 대상을 분간하는 이분법적 의식이 없는 상태다. 즉, 주객(主客)이 분화되지 않았다. 이런 의식 상태에서는 '내외(內外), 상하(上下), 고저(高低), 자웅(雌雄)' 등 언뜻 반대되고 대립되는 것 같은 것을 반대나 대립으로 보지 않고 조화와 상보의 관계로 볼 수밖에 없다. 이것이 바로 갓난아기의 특성으로, 이런 특성을 가져야 그 나라에 들어갈 수 있다는 뜻이다.

태극기 가운데 붉은색(양)과 파란색(음)으로 이루어진 태극의 음양(陰陽)에서 음과 양의 관계를 말할 때, 음이냐 양이냐 하는 양자택일(兩者擇一)이나 이항대립(二項對立)식 '냐냐주의(either/or)'의 시각으로는 실재의 진면목을 볼 수 없고, 음이기도 하고 양이기도 하며 동시에 음도 아니고 양도 아니라는 '도도주의(both/and, neither/nor)'적 태도를 가질 때 사물의 전체를 본다고 한다. 음과 양을 독립된 두 개의 개별적 실체로 보지 않고 한 가지 사물의 양면으로 파악한다는 뜻이다. 이것을 요즘 말로 고치면 '초이분법적 의식(trans-dualistic consciousness)'을 갖는다는 것이고, 좀 더 고전적인 말로 하면 중세 신비주의 사상가 니콜라우스 쿠사누스(Nicolaus Cusanus, 1401~1464)가 말하는 '양극의 조화(coincidentia oppositorum)'를 발견하는 것이다. 불교식으로 말하면 분별의 세계를 초월해 불이(不二)의 경지에 이르라는 것이다.

사실 세계의 여러 종교에서 '양극의 조화'처럼 중요한 개념은 없다고 해도 과언이 아니다. 음양의 조화를 말하는 태극 표시는 말할 것도 없고, 위로 향한 삼각형과 아래로 향한 삼각형을 포개 놓은 유대교의 '다윗의 별'이라든가, 수직선과 수평선을 교차시킨 그리스도교의 십자가, 두 원을 아래위로 반반씩 겹쳐 놓고 그중 겹쳐진 부분을 잘라 만든 초기 그리스도교의 물고기 상징, 불교 사찰에서 보는 만(卍) 자 등이 모두 이런 양극의 조화를 이상으로 삼고 있다는 역사적 증거들이다.

　23절: 예수께서 말씀하셨습니다. "나는 여러분을 택하려는데, 천 명 중에

　　서 한 명, 만 명 중에서 두 명입니다. 그들이 모두 홀로 설 것입니다."

　여기서는 깨달음에 이르는 것은 지극히 어려운 일이라는 사실을 강조하는 것이다. "천 명 중 한 명", 심지어 "만 명 중 두 명" 꼴이라니, 그야말로 가물에 콩 나기보다 더 어려운 셈이 아닌가.

　힌두교에서는 구원에 이르는 길을 크게 세 가지로 나눈다. 즉 깨달음의 길(Jñāna mārga), 신애(信愛)의 길(bhakti mārga), 행함의 길(karma mārga)이다. 깨달음의 길이란 우주의 실재를 꿰뚫어 보는 통찰과 직관과 예지를 통해 해방과 자유에 이른다는 것이고, 신애의 길은 어느 특정한 신이나 신의 현현을 몸과 마음과 뜻을 다해 믿고 사랑하고 받드는 일을 통해 구원에 이른다는 것이며, 행함의 길이란 도덕규범이나 규율을 잘 지키거나 남을 위해 희생적인 선행을 많이 해서 구원에 이른다는 것이다.

　세 가지 구원의 길 모두 자기중심적인 자아를 극복함으로써 새사람이 되게 한다는 점에서 공통성을 가지고 있다. 그러나 때로는 실행하기에 상대적으로 어려운 길과 쉬운 길로 나누기도 한다. 깨달음의 길은 가장 가파르고 어려운 길이라 상근기(上根機)에 속하는 소수에게만 가능하다고 본다. 일반 사람들이 가장 많이 따르는 길은 신에게 전적으로 헌신하는 신애의 길이다.

　불교에도 이와 비슷한 생각이 있다. 참선을 통해 깨달음을 얻음으로써 성불하겠다는 선불교의 길을 보통 '난행도(難行道)'라 하고, 아미타불의

9장　깨달음의 언어, 『도마복음』

원력을 믿고 "나무아미타불" 하며 그의 이름을 부름으로써 서방정토 극락에 왕생하는 것을 목표로 하는 정토종의 길을 '이행도(易行道)'라고 한다. 물론 참선하겠다는 사람보다 염불하는 사람이 압도적으로 많았다.

그리스도교 초기에도 『도마복음』에서 말하는 것처럼 내 속에 있는 하느님의 나라를 '스스로' 깨달아 알라는 깨달음의 길은 그만큼 어려운 것으로 알려졌던 모양이다. 결국 『도마복음』식 기별을 받아들이는 사람들보다 예수를 믿고 은혜의 선물로 주는 영생을 얻으라고 강조하는 『요한복음』의 길을 택한 사람이 수적으로 더 많았다.

그러기에 『요한복음』은 정경으로 채택되어 그리스도교의 정통 가르침으로 자리매김한 반면 『도마복음』은 사라진 것이 아니겠는가? 어떻게 보면 『도마복음』에서 말하는 식의 그리스도교 전통은 신앙의 심층 차원을 알아볼 기회가 없던 일반인들에게는 현실적으로 인기 품목이 되기 어려웠던 것이 당연하다 할 수 있다.

그러나 지금은 사정이 다르다. 문맹률이 97퍼센트 이상이던 고대 사회와 달리 이제 많은 사람이 최고의 교육을 받았고, 인터넷 등 대중 매체가 발달해 정보화 시대가 되었다. 이 글을 읽는 독자나 필자도 한 세대 전에 태어났으면 그리스도교에 깨달음을 강조하는 전통이 있었다는 사실을 모르고 지냈을지 모른다. 그야말로 이제는 들을 귀, 알겠다는 마음만 있으면 누구나 알 수 있는 시대가 온 것이다.

히브리어 성경 『요엘서』에 보면, "그 후에 내가 내 영을 만민에게 부어 주리니 너희 자녀들이 장래 일을 말할 것이며, 너희 늙은이는 꿈을 꾸며, 너희 젊은이는 이상을 볼 것"(2:28)이라고 했다. 여기서 말하는 '그 후'가 오늘을 말하는 것이 아닐까? 이런 지적·영적 환경 속에서는 깨달음을 얻

는 사람이 '가물에 콩 나듯'이가 아니라 가마솥에 '콩 튀듯'이 등장하리라
말할 수 있을지도 모른다.

> 28절: 예수께서 말씀하셨습니다. "나는 내가 설 곳을 세상으로 정하고,
> 육신으로 사람들에게 나타났습니다. 나는 그들이 취해 있음을 보았지
> 만, 그 누구도 목말라하는 것을 보지 못하였습니다. 내 영혼은 이런 사
> 람의 아들들로 인해 아파합니다. 이는 이들이 마음의 눈이 멀어 스스로
> 빈손으로 세상에 왔다가 빈손으로 세상을 떠나게 되는 것을 알지 못하
> 기 때문입니다. 그러나 지금은 그들이 취해 있지만, 술에서 깨면 그들은
> 그들의 의식을 바꿀 것입니다."

여기서 예수는 자기가 이 세상에 육신의 몸으로 온 목적을 천명한다.
이 구절 하나만 보아도 『도마복음』이 일반적으로 말하는 영지주의 복음서
가 아니라는 사실을 알 수 있다. 영지주의는 육체를 부인하는 사상의 흐름
이 주를 이룬다. 아무튼 예수가 이 세상에 온 것은 세상 죄를 지고 가려는
것이 아니다. 술 취한 상태, 잠자는 상태에 있는 인간들을 일깨우기 위한
것이다. 인간 실존의 한계성 때문에 어쩔 수 없이 우리 눈에 보이는 현상
세계만을 실재인 줄로 알고 있는 우물 안 개구리 같은 인간들에게 현상계
너머에 있는, 또는 그 바탕이 되는 실재(實在), 진여(眞如), 여실(如實), 자신
의 참모습을 보도록 깨우쳐 주기 위해 오셨다는 것이다.

"마음의 눈이 멀어 빈손으로 왔다가 빈손으로 가는 것"을 알지 못한다
고 했다. 그야말로 예수가 가르쳐 주는 지혜와 깨달음이 바로 우리 앞에
있는데, 그것을 잡지 못하고 공수래공수거(空手來空手去)하는 현실이라는

것이다. 그러나 완전한 절망만은 아니다. 지금은 우리가 취해 있지만 우리의 취한 상태, 잠자는 상태를 깨우기 위해 일부러 육신을 쓰고 이 세상에 오신 예수의 가르침을 받아 술 취한 상태, 잠자는 상태에서 깨어나면, 그리하여 심안(心眼)의 개안(開眼)이 이루어지기만 하면, 완전한 '의식의 변화'를 맛보게 된다고 했다.

마지막 구절은 종교사적으로 너무나도 중요한 발언이다. 여기서 "술에서 깨면 그들은 그들의 의식을 바꿀 것"이라고 할 때, '의식을 바꿀 것이다'라고 번역한 이 말의 원문은 콥트어판에서도 그리스말을 그대로 사용해 '메타노이아(metanoia)'로 되어 있다. 이것은 예수의 가르침에서 핵심에 해당하는 부분이다. 공관 복음에서 예수가 공생애를 시작하며 "회개하라 천국이 가까웠느니라"라고 외쳤을 때, 그 '회개'에 해당하는 말이기 때문이다. '메타노이아'는 어원적으로 '의식(noia)의 변화(meta)'를 의미한다.

단순히 지난 잘못을 뉘우치고 새로운 삶을 살기로 작정한다는 식의 회개라는 뜻 그 이상이다. 우리의 이분법적 의식을 변화시켜 초이분법적(trans-dualistic) 의식을 갖게 된다는 뜻이다. 말하자면 성경 복음서에서 "회개하라 천국이 가까웠느니라"라고 하는 예수의 '천국 복음'이란 결국 '우리의 이분법적 의식을 변화시키고, 그로 인해 하느님의 주권이 내 가까이 있음을 깨닫는 것'이라 풀이해도 무리가 없다. '의식의 변화' 또는 변혁을 체험하는 것이야말로 예수가 그를 따르는 모든 사람이 갖기를 바라던 최대의 소원이었던 셈이다.

이것은 사실 우리 주위에 있는 불교나 유교에도 해당되는 말이다. 불교에서 '붓다', '부처', '불(佛)'이란 '깨침을 얻은 이(the Awakened, the Enlightened)'라는 뜻이고, '불교'라는 말 자체가 '깨침을 위한 가르침'이라 할 수 있다. "성불하라"는 말은 "깨침을 얻으라"는 뜻이다. 유교에서도 신유학은 자기들의 가르침을 '성학(聖學)'이라고 했는데, '성인들의 가르침'이라는 뜻보다는 '성인이 되기 위한 가르침(Learning for Sagehood)'이라는 뜻이 더 강하다. 성인이란 한문의 '성(聖)'에 귀 이(耳)가 들어간 것에서도 나타나듯, 성인이 된다는 것은 '특수 인식 능력의 활성화'를 이룬다는 뜻이다. 모두가 의식의 변화를 가리키는 말이라 할 수 있다.

> 77절: 예수께서 말씀하셨습니다. "나는 모든 것 위에 있는 빛입니다. 내가 모든 것입니다. 모든 것이 나로부터 나왔고 모든 것이 나에게로 돌아옵니다. 통나무를 쪼개십시오. 거기에 내가 있습니다. 돌을 드십시오. 거기서 나를 볼 것입니다."

여기서 세 가지 정도를 검토할 수 있다. 우선 생각해 볼 것은 "나는 빛"이라고 했을 때, 여기서 말하는 '나'가 무엇일까 하는 문제다. 『도마복음』 전체의 맥락에서 볼 때 여기서 말하는 '나'는 한 개인으로서의 역사적 예수 한 분에 국한된 이야기는 아니라고 보아야 한다. 이 '나'는 "아브라함이 태어나기 전부터"(『요한복음』 8:58) 있었던 그 '우주적 나(Cosmic I)', 곧 모든 사람 속에 내재한 신성, 하느님, 참나를 가리키는 것이다.

천도교 2대 교주 최시형이 제사를 지낼 때 그것이 곧 자기 자신을 향한 제사임을 강조한 향아설위(向我設位)의 개념도 이와 궤를 같이한다. '시천주(侍天主)'와 '인내천(人乃天)'—한울님을 모신 내가 곧 한울님이니, 제사를 지내도 그것이 곧 자신에 대한 제사라는 뜻이다.

불교에서도 부처님이 어머니 옆구리에서 태어나자마자 큰 소리로, "하늘 위와 아래에 나밖에 존귀한 것이 없다(天上天下唯我獨尊)"고 했다고 한다. 이때의 '나(我)'도 한 개인으로서의 아기 부처님을 의미하는 것이라기보다 우리 모두의 속에 있는 '초개인적인 자아(transpersonal self)', '참된 자아'를 가리키는 것으로 보아야 한다. 불교에서는 우리 모두에게 내재한 이런 초아적(超我的) 요소를 '불성(佛性)'이라 부른다. 이것이 천상천하에서 가장 존귀하기에 다른 모든 것은 부차적 의미를 가질 뿐이라는 뜻이다.

두 번째로 살펴볼 것은 '빛'이라는 것이 상징하는 종교적 의미다. 종교사를 통해 볼 때 많은 종교 전통들이 우리 속에 있는 '내면의 빛'을 강조한다. 우리 속에 있는 신적 요소, 신성, 참나, 참생명은 바로 '빛'이라고 한다. 우리의 일상적이고 인습적인 의식에서 벗어나 변화되고 고양된 순수 의식을 가지면 우리는 우리 속에 있는 그 '빛'을 체험할 수 있다고 한다.

힌두교 경전 『우파니샤드』에 보면 우리 속에 있는 브라만(梵) 또는 참나(我)를 두고, "그대 홀로―그대만이 영원하고 찬연한 빛이시나이다"라고 했다. 불교인들이 염불을 통해 체현하려고 염원하는 '아미타'불도 '무한한 빛', '무량광(無量光)'의 부처님이다. 유대교 신비주의 카발라 전통에서 가장 중요시되는 13세기 문헌 『조하르Zohar』도 문자적으로 빛을 의미하고, 그 문헌에서 언급되는 절대자 아인소프(En-Sof)도 분화 이전의 무극(無極) 상태이면서 동시에 '무한한 빛'이라 했다.

그리스도교, 동방정교 전통에서도 '신의 영광'이란 빛이신 신의 특성을 이야기한다고 보고, 이런 빛을 보는 사람이 신과 합일의 경지에 이른다고 주장한다. 퀘이커 교도들도 침묵의 예배를 통해 '내적 빛'을 체험하려고 한다. 이처럼 많은 신비주의 전통에서 '빛'은 때 묻지 않은 순수 의식을 통해 발견할 수 있는 우리의 내면세계의 찬연함을 말해 주는 가장 보편적인 상징이라고 할 수 있다.

셋째로 주목할 것은 이 절이 말하고 있는 '범재신론적 신관'이다. 본문에 '나' 또는 '신성(神性)'이 '통나무'에서도, '돌'에서도, 그 어디에서도 발견될 수 있다고 했다. 도가 문헌 『장자莊子』에 보면, 누가 장자에게 "이른바 도(道)라고 하는 것이 어디 있습니까?" 하고 물었다. 장자가 "없는 데가 없다"고 하자, 좀 더 구체적으로 말해 달라고 한다. 결국 땅강아지나 개미에게도, 기장이나 피에도, 기와나 벽돌에도, 심지어 대변이나 소변에도 있다고 하며, 이른바 도의 '주편함(周遍咸)'적 특성, 도의 편재성(遍在性)을 강조한다. 불교적으로 말하면 이사무애(理事無碍)나 사사무애(事事無碍)의 경지다.

다른 종교에서 '이웃 종교'로

지금껏 『도마복음』 중 단지 몇 절을 뽑아 나름대로 살펴보았다. 필자는 앞에서 말한 『도마복음』 풀이 『또 다른 예수』라는 책 서문에서, "이 책이 한국에서 그리스도인들과 불교인들을 이어 주는 가교(架橋)의 역할을 할 수 있었으면" 한다는 염원을 밝힌 바 있다. 여기서도 같은 염원을 가지고 글을 썼다. 물론 불교인이 아니더라도 여기에서 심층 종교 심연에 흐르는 영적 청수를 발견할 수 있었으면 하는 바람이다.

이 장의 글을 통해 독자들이 그리스도교 전통에 속하는 『도마복음』도 불교 등 이웃 종교들의 깊은 가르침과 마찬가지로, 우리에게 '심층' 차원의 종교를 지향하도록 일깨운다는 사실을 알게 되었으면 한다. 그리하여 그리스도교나 불교, 그리고 다른 종교들이 모두 '이웃 종교'임을 새삼 확인했으면 한다. 이로 인해 불자들을 비롯한 이웃 종교인들과 그리스도인들이 손을 잡고 더 많은 사람들이 표층 종교에서 심층 종교로 들어갈 수 있도록 더욱 긴밀하게 협력하고, 나아가 세상이 그만큼 더 밝아지고 아름다워졌으면 하고 바라는 바이다.

새로운 가능성,
그리스도교의 오늘과 내일

—

ⓒ오마이뉴스

• 2008년 9월 수경 스님과 문규현 신부는 '기도, 사람과 생명·평화의 길을 찾아가는 오체투지 순례'를 떠나기에 앞서 마음과 뜻을 모았다.

앞에서 20세기 중반에 생겨난 그리스도교 신학의 흐름을 살펴보았다. 이어서 그리스도교에서 많이 논의되는 성경의 기본 성격, '믿음'의 뜻, 기적의 의미, 그리고 깨달음을 강조하는 『도마복음』 등에 대해 이야기 했다. 이 장에서는 그리스도교의 오늘과 내일을 조망하면서, 특히 그리스도교와 불교가 어떤 관계를 맺을 수 있을까를 생각하면서 그동안 그리스도교를 역사적으로, 그리고 심층적으로 살펴본 그리스도교 이야기를 모두 끝내려 한다.

그리스도교는 구시대의 유물인가

그리스도교 역사는, 다른 종교와 마찬가지로 명암으로 점철된 역사였다. 사람들이 믿음과 희망과 사랑을 가지고 살아갈 수 있도록 도와주는 등 숭고한 종교 본연의 임무에 충실하기도 했고, 동시에 십자군 전쟁이나 마녀 사냥, 갈릴레이 박해 등 여러 역사 발전에 발목을 잡는 해악을 끼치기도 했다. 명암의 경중이 어떠하든, 현재 서양에서 그리스도인들의 숫자는 점점 줄어드는 것이 현실이다.

물론 서양에서도 계속 교회에 다니는 사람들이 있다. 그들은 주로 전통을 존중해서 교회에 계속 다니는 사람들, 여러 가치관이 혼란하고 복잡한 세상에서 확고부동한 '절대 진리'를 말해 주는 근본주의적인 성격의 교회에서 확신을 얻으려고 다니는 사람들, 이민이나 도시화로 뿌리가 뽑힌 것 같은 느낌을 가질 수밖에 없는 처지에서 교회가 제공하는 많은 편의와 소속감 때문에 다니는 사람들, 질병이나 가난에서 벗어나기 위한 수단으로 신유(神癒)나 기적을 강조하는 교회에 다니는 사람들, 메마른 세상에서 뭔가 시원하고 화끈한 것을 원하는 사람들 등이다.

그러나 그리스도교가 점점 더 많은 지성인이나 의식 있는 사람들에게서 경원시당하는 것은 부정할 수 없는 현실이다. 앞에서도 약간 언급했지만, 서양에서 이른바 주류(mainline) 그리스도교는 점점 쇠퇴하는 실정이다. 앞에서 한국 그리스도교를 이야기할 때 언급했지만, 한국에서도 그리스도인들, 특히 개신교도들의 숫자가 1970~1980년대에 정점에 이르렀다가 1990년대에 들어오면서 그 성장세가 멈추거나 감소 추세로 돌아서고 있다고 한다.

손쉽게 최근에 나온 캐나다의 통계를 보면, 1985년 조사에서 매주 종교의식에 참여한다는 사람의 비율이 3명 중 1명(30퍼센트)꼴이었으나 2005년에는 5명 중 1명(21퍼센트)으로 줄어들었다. 특히 청소년층이나 청장년층의 종교의식 참여율은 단 16퍼센트에 불과하다. 미국에서 나온 어느 연구 결과에 따르면, 교회에 다니던 미국 학생 중 고등학교를 졸업하면 지역에 따라 69퍼센트에서 94퍼센트가 교회마저 졸업하고 만다고 한다. 성공회 주교 존 셀비 스퐁 신부는 미국에서 제일 큰 동창회는 '교회 졸업

동창회(the church alumni association)'라는 재치 있는 말까지 할 정도다.

이런 추세 때문인지 서양에서는 목사나 신부나 수녀가 되려는 지원자가 급격히 줄어들고 있다. 현재 그리스도인 숫자가 늘어나는 곳은 주로 아시아와 아프리카 여러 나라다. 한국은 그리스도교 선교 역사를 다루는 책 어디에나 나오듯이, 그리스도교 선교의 기적을 이룬 나라다.

지금 미국의 주요 신학교는 한국 학생들이 없으면 운영이 곤란할 정도로 한국 학생들이 큰 비율을 차지하고 있다. 적어도 숫자상으로 보아 이제 그리스도교를 단순히 '서양 종교'라 할 수는 없다. 유럽 국가 중에는 교회 출석률이 전체 인구의 2퍼센트 정도에 불과한 경우도 있다.

그리스도교가 서양 지성인들에게 환영받지 못하고, 또 사회적으로도 큰 영향을 끼치지 못한다는 사실을 단적으로 보여 주는 비근한 사례 몇 가지가 있다.

첫째, 최근 서양 독서계에 큰 화제를 불러일으켰던 책으로 옥스퍼드대학교 생물학자 리처드 도킨스(Richard Dawkins)의 『만들어진 신The God Delusion』, 미국의 저널리스트 크리스토퍼 히친스(Christopher Hitchens)의 『신은 위대하지 않다God Is Not Great: How Religion Poisons Everything』, 스탠퍼드대학교에서 정신신경과학으로 박사 학위를 받은 샘 해리스(Sam Harris)의 『종교의 종말The End of Faith』, 보스턴 교외에 있는 터프츠대학교 인지과학자 데니엘 데닛(Daniel Dennett)의 『마술을 깨다Breaking the Spell: Religion as a Natural Phenomenon』 등이 있다.

이른바 반종교 이론의 '기수(騎手) 4인방(Four Horsemen)'으로 불리는 이들은 모두 나름의 입장에서 종래의 종교가 얼마나 반지성적이고 독선적이며 맹목적이고 파괴적인가 하는 것을 보여 주려 한다. 이처럼 종교를 반대하는 책이 이전에 없었던 것은 아니지만 우리가 특별히 주목해야 할 점은, 최근에 이런 책이 베스트셀러로 일반 독서층에 널리 퍼지고 깊이 파고들어 간다는 사실이다.

둘째, 2008년에는 종교 문제를 주로 다루는 미국의 코미디언 빌 마허(Bill Maher)가 만든 〈신은 없다Religulous〉라는 영화가 나와 많은 관객을 동원했다. 이 제목은 '종교'라는 뜻의 'Religion'과 '웃기는, 어처구니없는'이라는 뜻의 'ridiculous'를 합쳐 만든 합성어다. 제목이 말해 주듯, 종교라는 것이 얼마나 웃기고 어처구니없는 것인가, 얼마나 비합리적이고 미신적인가 하는 것을 스스로 성실하다고 주장하는 종교인들의 인터뷰를 통해서 폭로하는 영화다.

셋째, 비록 현재 종교에 속한 젊은이라도 종교적 가치가 실생활에 거의 반영되지 않고 있다는 사실이다. 다시 미국 어느 통계를 인용하면, 그리스도인이라는 청소년들과 비그리스도인 청소년들을 비교한 결과, 종교를 가지고 있거나 없거나 일상적인 윤리 생활에서 실질적으로 별 차이가 없다는 점이 밝혀졌다. 심지어 근본주의 그리스도교가 흥왕하면 할수록 여러 가지로 사회적인 문제가 더욱 커진다는 주장도 있다.

미국은 이른바 제1세계에서 그리스도인의 수가 가장 많은 나라지만, 『소유의 종말The Age of Access』 등의 책을 쓴 제레미 리프킨(Jeremy Rifkin)에 따르면, 아직도 사형 제도를 고집하는 등 유럽 국가에 비해 그리스도의 정신이 실사회에서 적용되는 정도가 가장 낮은 나라라고 한다. 그리스도교를 신봉하는 국가가 잘사는 국가들이라는 일부 개신교 성직자들의 주장이 근거가 없다는 이야기다.[1]

독자들에게 이런 통계 숫자를 소개한 어느 보수주의 목회자 자신도 젊은이들이 '놀라운 숫자로' 교회를 떠나는 이런 현실을 개탄하면서, 무슨 특별한 일이 일어나지 않는 한 지금의 젊은 세대가 결국은 '그리스도인으로서는 마지막 세대(the last Christian generation)'가 될 것이라는 우려를 나타냈다.[2]

제3의 길

그러면 서양에서 그리스도인의 숫자가 줄어든다고 해서 그리스도교를 떠난 사람들 모두가 종교와 무관하게 살고 있다는 뜻인가? 많은 학자는 그렇지 않다고 본다. 현재 서양의 젊은이들 사이에서 "I am not religious, but I am spiritual" 또는 "I am spiritual, but not religious"라는 말을 많이 듣는다. 자기는 비록 전통적인 기성 종교의 설명체계나 종교 예식에서 의미를 찾지 못해 이를 거부하지만, 그렇다고 삶의 영적인 차원이나 가치를 거부하거나 거기에 무관심하다는 뜻은 아니라는 것이다.

오히려 이런 영적 가치에 더욱 큰 관심과 열의를 나타내지만, 전통적인 종교는 자기의 영적 추구에 도움을 주지 못하거나 오히려 방해가 된다는 뜻이다. 자기들이 진정으로 원하는 것은 종교 심층에 깔린 종교성이나 '영성(spirituality)'이지, 그리스도교나 기타 전통 종교가 형식적으로 지켜오는 제도나 교리로서의 종교(religion)는 아니라는 이야기다.

그러면 이제 그리스도교 전통은 아무 가치도 없는 것으로 취급되다가 결국 그 명을 다하고 말 것인가? 반드시 그렇지만은 않을 것이다. 미국 성공회 주교 존 셸비 스퐁 신부는 『기독교 변하지 않으면 죽는다』라는 베스

10장 새로운 가능성, 그리스도교의 오늘과 내일

트셀러를 냈다. 그리스도교가 변화하지 않으면 죽지만, 변화하면 죽지 않을 수 있다는 의미인 셈이다.

옛날의 우주관이나 세계관에 입각한 문제나 그 문제에 대한 믿음은 이처럼 오늘 우리에게는 상관이 없는(irrelevant) 것일 수밖에 없다. 우리는 우리 시대에 우리만이 갖는 문제가 있고, 이런 문제를 해결하려고 천착해야 한다. 비근한 예를 들면, 옛날에 바다에 끝이 있다고 믿었을 때는 육지에서 얼마나 멀리까지 항해할 수 있을까, 얼마 이상 가면 물살에 빨려 낭떠러지로 떨어지는가, 그 많은 물은 어디로 흘러가는가 등의 문제가 그들의 사활에 관계될 만큼 중요했다. 그러나 바다에 끝이 없다는 것을 알면 이런 질문이 하등 상관이 없을 뿐만 아니라 우스꽝스러운 일이다.

일단의 그리스도인들은 이런 시대적 상황을 인식하고 새로운 시대, 새로운 종교적 필요에 부응하는 그리스도교가 등장해야 한다고 믿으며, 또 실제로 이런 식의 그리스도교가 새로이 등장하고 있다. 이들은 이렇게 새로이 등장하는 그리스도교를 '새 그리스도교(a New Christianity)', '새로 등장하는 그리스도교(the newly emerging Christianity)', '뜨는 그리스도교(the emergent Christianity)', '새 세계 그리스도교(a new world Christianity)', '개명한 그리스도교(Enlightened Christianity)' 등 여러 이름으로 부른다. 더러는 이런 변화를 제2 또는 제3의 '종교개혁'이라 부르기까지 한다.

새로운 패러다임

필자도 2001년에 펴낸 『예수는 없다』라는 책에서 이렇게 새로이 등장하는 그리스도교에서 패러다임이 어떻게 변하는지를 소개한 적이 있다. 거기서 필자는 글로즈토드랜크(Stephen Glauz-Todrank)가 주장하는 다음과 같은 열 가지 패러다임 변화를 예거했다.

① 배타주의에서 다원주의로, ② 상하 구조에서 평등 구조로, ③ 저 위에 계신 하느님에서 내 안에 계시는 하느님으로, ④ 교리 중심주의에서 깨달음 중심주의로, ⑤ 죄 강조에서 사랑 강조로, ⑥ 육체 부정에서 육체 긍정으로, ⑦ 현실 야합에서 예언자적 자세로, ⑧ 종말론에서 환경론으로, ⑨ 분열에서 연합으로, ⑩ 예수에 관한 종교에서 예수의 종교로 넘어간다는 이야기였다.

미국에서 '새로 등장하는 그리스도교'를 많은 사람에게 효과적으로 소개하고 있는 마커스 보그(Marcus. J. Borg) 교수는 현재 미국 그리스도인은 '이전(earlier)' 패러다임을 고수하는 사람들과 '새로 등장하는' 패러다임을 주장하는 사람들로 갈라져 있다고 하면서, 외형적으로 보아 이 두 그룹의 가장 두드러진 차이는 여성 목회자 안수, 동성애, 이웃 종교에 대한 태도 등이라고 했다.[3]

물론 이전 패러다임을 고수하는 그리스도인들은 여성 목회자에게 안수를 줄 수 없고, 동성애는 죄이므로 동성애자들은 독신으로 살든지 이성애로 돌아서야 한다고 주장하며, 그리스도교만이 절대 진리 종교여서 이웃 종교는 안 된다고 믿는 반면, 새로 등장하는 패러다임에 근거한 그리스도인들은 여성도 안수를 받을 수 있고, 동성애자들의 결혼을 인정할 뿐 아니라, 심지어 동성애자들의 목회자 안수도 가능하다고 한다.

이런 차이를 드러내는 것은 사실 그보다 더 근본적인 차이 때문이다. 성경을 문자적/표피적으로 읽느냐 영적/심층적으로 읽느냐 하는 차이다.

10장 새로운 가능성, 그리스도교의 오늘과 내일

성경을 문자적/표피적으로 읽으면 여성 안수도, 동성애도, 타 종교도 모두 안 되는 것으로 볼 수밖에 없다. 하지만 영적/심층적으로 읽으면 성경의 더욱 깊은 원칙에 따라 이런 문제들을 여러 다른 시각에서 바라보는 여유를 가질 수 있다.

미국의 한 통계에 따르면, 문자적/표피적으로 읽는 사람들의 수가 1963년에는 65퍼센트였는데 2001년에는 27퍼센트로 줄었다. 옛 패러다임을 고수하려는 사람들에게는 이것이 세속화나 타락으로 여겨지고, 새로이 등장하는 패러다임을 주장하는 사람들에게는 이것이 환영할 만한 흐름으로 받아들여진다.

미국 침례교 목사로서 하버드대학에서 비교종교학으로 박사 학위를 받은 찰스 킴볼(Charles Kimball)도 『종교가 사악해질 때*When Religion Becomes Evil*』라는 책에서 종교가 사악해지는 경고 증세로 다섯 가지를 들었다. ①자기만이 절대적 진리를 독점했다고 주장할 때, ②맹목적인 순종을 강요할 때, ③앞으로 현실 삶의 문제를 무시하고 이상적인 시대만을 바라보라고 강조할 때, ④목적이 모든 수단을 정당화한다고 주장할 때, ⑤종교적인 목적이라면 전쟁도 불사한다고 할 때 등이라고 했다. 9·11 사태 이후 많은 사람이 지금의 종교가 이런 증세를 더욱 많이 보이는 것은 아닌가 물어보는 것 또한 사실이다.

물론 그리스도교도 이런 증후에서 벗어나야 하고, 또 앞에서 언급한 것처럼 현재 괄목할 만할 정도로 벗어나고 있다. 여기서 소개하고자 하는 것은 이렇게 새로 등장하는 그리스도교에 나타나는 흐름이다. 이것은 동시에 필자가 그리스도교에 대해 바라는바, 변화의 일부분이기도 하다.

많은 흐름 중 필자가 특히 주목하고 싶은 것은 네 가지다. ①문자주의를 극복함으로써 성경의 표피적인 뜻이 아니라 심층적 의미를 캐려는 노력, ②믿음이 아니라 깨달음을 강조하는 경향, ③저 위에 계시는 신이 아니라 내 속에 거하시는 신을 찾으려는 마음, ④이웃 종교에 배타적인 태도를 취하는 대신 서로 대화하고 협력하려는 자세 등이다. 처음 세 가지는 지금까지의 논의에서 대략 다루었기에 여기서는 넷째 종교적 배타성을 극복하는 문제, 특히 불교와 그리스도교의 대화와 협력 가능성의 문제에 초점을 맞추기로 한다.

다원주의 · 수용주의의 등장

점점 많은 신학자가 '내 종교만'이라는 독불장군식 태도를 지양하고, 현 세계의 다종교(多宗敎) 현상을 심각하게 받아들이고 있다. 이웃 종교를 어떻게 이해하고 그 종교들과 어떤 관계를 유지해야 할 것인가 하는 문제를 신학의 한 분야로 다루기 시작했다. 이를 '종교신학'이라 한다. 앞의 1부 6장에서 '종교신학'에 대해 이야기할 때도 예거했지만, 현재 종교간의 대화와 협력을 가장 강력하게 주장하는 신학자의 한 사람으로 폴 니터(Paul F. Knitter)를 들 수 있다. 그는 자신의 저서 『종교신학입문Introducing Theologies of Religions』[4]에서 그리스도인들이 종교간의 관계를 이야기할 때 보이는 네 가지 기본 태도를 다음과 같이 분류했다.

- 이웃 종교는 어차피 그릇된 종교이기에 이를 내가 가지고 있는 참된 종교로 대체해야 한다는 대체론(Replacement model)
- 이웃 종교에도 부분적으로 진리가 있지만 아직도 충분하지 못하기

에 그 모자람을 내가 가진 참된 종교로 채워 주어야 한다는 완성론
(Fulfillment model)

- 종교간 서로의 공통점이 있기에 이런 공통점을 찾고 그 공통점으로 인해 같이 기뻐하고 협력하자는 관계론(Mutuality model)
- 종교들은 당연히 서로 다를 수밖에 없지만, 이 다름을 그대로 인정 하고 그 다름에서 서로 배우자는 수용론(Acceptance model)

지금까지 그리스도교는 주로 첫 번째와 두 번째 태도를 견지해 왔다고 볼 수 있다. 물론 대립 관계나 경쟁 관계를 청산하고 이웃 종교와 대화하며 서로 사이좋게 지내는 일이 주어진 사회, 나아가 세계의 평화를 위해서도 중요하다는 사실을 깨달았다. 그러나 더욱 중요한 것은 이웃 종교와의 대화를 통해 내가 영적으로 성숙해진다는 사실을 발견한 것이다.

종교학의 창시자 막스 뮐러(Max Müller)가 말한 것과 같이 "한 종교만 아는 사람은 아무 종교도 모른다"는 것이 어쩔 수 없는 진실이다. 이웃 종교와 대화하고 그들의 종교를 알아본다는 것은 화해와 협력의 차원을 넘어서서 그리스도교가 다시 활력을 찾는 길이라는 사실을 인식하게 되었다. 앞으로 신학 발전은 오로지 이웃 종교와 진지한 대화를 나눈 결과로 이루어질 것이라 주장하는 신학자도 있다.

세계적인 종교학자 라이몬 파니카(Raimon Panikkar)도 현재 그리스도교가 기진맥진한 상태라고 진단하면서 다음과 같은 처방을 제시했다.

거의 자명한 사실은 서방 그리스도교 전통은 그리스도교의 메시지를 우리 시대에 의미 있는 방법으로 표현하려고 하지만, 이제 진이 다 빠

진 듯, 심지어 말기 현상을 보이는 듯하다는 것이다. 오로지 이종 교배(異種交配)나 수태(受胎) 작업을 통해서만이, 그리고 오로지 현재 〔서양의〕 문화적·철학적 울타리를 넘어섬으로써 그리스도인의 삶은 창조적이고 역동적이 될 수 있을 것이다. 이렇게 될 때 이런 사태를 극복할 수 있을 것이다.

그리스도교가 기진맥진한 상태이기는 하지만 그 운명을 비극적으로만 보고 좌절할 것이 아니라 이웃 종교, 특히 동양 종교와의 접촉과 대화라는 특단의 조치가 있을 때 새로 활기를 되찾을 수 있음을 시사하는 말이다.

20세기 미국의 위대한 가톨릭 사상가 토머스 머튼(Thomas Merton)은 이를 좀 더 구체적으로 밝히고 있다. 예수의 탄생 이야기에서, 동방에서 온 '황금과 몰약과 유향'이라는 귀한 선물이 그리스도교가 발생하는 데 큰 도움을 주었던 것으로 묘사된 것처럼,[5] 2000년이 지난 오늘날 그리스도교가 새로운 활력으로 되살아나려면 동양으로부터 다시 선물이 와야 하는데, 그것은 노장 사상이나 선불교 같은 동양의 깊은 정신적 유산이라고 했다.

특히 한국에서 그리스도교는 앞에서 니터가 제시한 다원주의/수용주의적인 태도를 함양하면서 더욱 관심을 기울여야 할 대화와 협력의 대상으로 불교를 꼽을 수밖에 없을 것이다. 영국의 저명한 역사학자 아널드 토인비(Arnold Toynbee)는 미래의 역사가들이 20세기에 일어난 일들을 기억할 때, 컴퓨터나 인공위성 같은 과학 기술의 발전이나 공산주의의 흥기와 몰락 같은 사회적 사건이 아니라, 그리스도교와 불교가 의미 있게 만나는 사건일 것이라 예견했다. 불교와 그리스도교의 만남이 한국에서보다 더 중요한 나라가 세계 어디에 또 있겠는가.

불교와 그리스도교의 대화

이제 논의의 범위를 좁혀 한국에서의 불교와 그리스도교의 대화와 협력 문제에 대해 잠시 이야기해 보자. 현재 한국의 양대 종교라 할 수 있는 불교와 그리스도교가 아름다운 관계를 맺은 사례가 과거에도 있었고, 지금도 있는 것이 사실이다. 먼저 3·1 운동 당시 두 종교의 협력을 생각할 수 있다.

최근 가톨릭 수녀와 불교 비구니와 원불교 정녀들이 모여 여러 사회 활동과 종교 활동을 함께하고, 불교와 가톨릭 및 개신교 대표들이 한자리에 모여 전국적인 장기(臟器) 기증 운동을 함께하기도 했다.

지난 2008년 2월 중순 이후 '대운하 반대 100일 순례'에 불교, 가톨릭, 개신교, 원불교, 성공회의 몇몇 지도자가 함께 참석해 강을 따라 걸었다. 같은 해 가을에는 수경 스님과 문규현 신부님이 함께 53일간 오체투지 순례를 통해 마음과 뜻을 모았다. 뜻있는 학자들 사이에서 불교와 그리스도교의 대화를 촉진시키는 학술 대회도 열린다.

그러나 이런 몇 가지 훌륭한 사례에도, 이 같은 경우는 오히려 예외적이고 간헐적일 뿐 전체적으로 볼 때 오늘의 한국 사회에서 볼 수 있는 불교와 그리스도교의 관계는 밝은 면보다는 어두운 면이 더 많고, 심지어 추하기까지 한 그림이라 하지 않을 수 없다. 특히 이명박 정부 때는 그리스도교 편향이라고 여겨지는 정부 시책에 불교에서 대대적으로 항의하는 사태까지 있었다.

템플대학교의 레너드 스위들러(Leonard Swidler) 교수는 종교간의 충돌이라는 가공할 재난을 피하려면 "자기중심주의적인 독백의 심성에서 벗어나 타 종교들을 우리의 독백에서 투영된 대로가 아니라 있는 그대로 보면서, 그들과의 대화로 들어가고자 노력해야 한다"고 했다.

그는 종교간의 이런 대화적 동반자 관계가 긴급하고 절실하다는 것을 더욱 극적으로 강조하려고, "미래는 두 가지 선택을 제공할 뿐이다. 죽음이냐 대화냐 하는 것이 그것이다"라고 했다. 폴 모제스(Paul Mojzes)도 종교 간의 관계를 규정하는 것이 전쟁, 적대, 무관심, 대화, 협력, 그리고 종합의 관계까지 여러 가지로 분류될 수 있다고 했다.

물론 현재 서양의 그리스도교 지성들은 이웃 종교들과의 관계에서, 특히 불교와의 접촉에서 죽음보다는 대화를, 전쟁이나 적대 관계보다는 대화와 협력 관계를 택해야 한다고 믿는 이들이 점증하고 있다. 그러면 구체적으로 어떤 일을 해야 할 것인가? 현재 서양 그리스도교에서 논의되는 것을 종합하고 필자 나름대로 생각한 바를 간단히 제시해 본다.

첫째 '함께 일하는 것'이다. 오늘처럼 복잡한 사회에서는 어느 한 종교가 사회의 모든 문제에 모든 해답을 가지고 있다고 주장할 수가 없다. 모든 종교는 이 시대의 도전에 응하려면 서로 협력하지 않을 수 없다.

불교와 그리스도교도 자비와 사랑의 원리에 입각해서 함께 자기가 속한 사회의 사회적·경제적·정치적·윤리적·종교적 병리와 불의에서 사람들을 구해 내는 데 협력해야 할 것이다. 현재 그렇게도 만연한 자연 훼손과 환경 파괴에서 오는 생태 문제를 경감하는 데도 힘을 합할 수 있다.

둘째, '함께 생각하는 것'이다. 비록 이렇게 불교와 그리스도교가 사회·윤리적인 공동 과업에서 건설적으로 힘을 합해 함께 일하는 것이 지극히 중요한 일이긴 하지만, 이런 차원에서 이루어지는 현실적 관심에서 한발 더 나아가야 한다는 것이 필자의 입장이다.

즉, '함께 일하는 것' 외에 '함께 생각하는 일'이 뒤따라야 한다는 것이다. 함께 생각한다는 것은 불교와 그리스도교가 우선은 사상적 영역에서의 근본 문제를 놓고 머리를 맞대고 토의하는 것이다. 한 가지 분명한 것은 과정신학으로 유명한 미국인 신학자 존 캅(John Cobb, Jr.)이 지적한 것처럼, 현재 그리스도교 신학은 "불교와의 만남으로 깊이 영향을 받고 있다"는 사실이다.

물론 이런 영향으로 '상호 변혁(mutual transformation)'이 이루어져 불교의 사상적 지평도 그리스도교와의 대화를 통해 넓어지리라 기대해 볼 수 있을 것이다.

깨침을 위해

그러나 가장 중요한 것은 '깨침을 위해 함께 힘쓰는 것'이라 본다. 두 종교가 '궁극 변화'의 차원, 불교에서 '깨침'이라 하고 신약 성경의 용어로 '메타노이아'라고 하는 '의식(意識)의 변화' 또는 '특수 인식 능력의 활성화' 차원에서 협력이 이루어지는 것이다. 불교와 그리스도교의 대화뿐 아니라 어느 종교간의 대화든 결국은 이 '의식의 변화', '특수 인식 능력의 활성화'를 어떻게 실현할 것인가를 논하는 데까지 가야 한다고 믿는다. 그리고 이런 차원의 대화를 필자는 일단 '메타노이아 중심(metanoia-centric)'의 접근이라 부른다.

잘 알려진 바와 같이, 불교는 '깨침'을 위한 종교다. 불교에서 깨침을 빼면 그야말로 '빛과 열이 없는 태양'과도 같다. 그리스도교의 경우는 어떠한가? 예수가 전한 가르침의 중심은 그가 공중 전도 사업을 처음 시작하면서 외친 말, "회개하라 천국이 가까웠느니라"(『마태복음』 4:17)라고 했을 때의 '회개'다.

여기서 회개로 번역된 그리스어 원문의 명사형은 '메타노이아'로, 어원적으로 볼 때 이것은 한국말의 회개(悔改)나 영어의 'repentance'와 같이 과거의 잘못을 뉘우치고 다시는 그러지 않겠다고 다짐하는 정도가 아니라, 가장 깊은 내면에서 이루어지는 '의식의 변화' 자체를 의미한다.

한 가지 놀라운 사실은 기원 4세기까지 그리스도교에서 읽히다가 이단으로 낙인이 찍혀 폐기 처분당한 복음서들이 1945년 이집트 나그함마디에서 발견되었는데, 그 복음서들 가운데 특히 『도마복음』은 '깨침(gnosis)'을 강조하고 있다는 사실이다. 9장에서 살펴본 것처럼 무엇보다도 내 속에 있는 신성(神性)을 발견하고, 그 신성이 바로 나의 '참나', '본마음'임을 깨달으라는 것이다.

『도마복음』의 기본 가르침과 불교의 깊은 가르침이 얼마나 잘 어울리는가 하는 것은 미국인 리처드 베이커(Richard Baker)의 경우를 통해서도 알수 있다. 그는 젊은 시절 보스턴에서 일본 교토(京都)로 건너가 스즈키 순류(鈴木俊隆) 밑에서 선 수행을 하고 선사(禪師)가 되어 샌프란시스코 선원(禪院)의 주지가 되었는데, 하루는 『도마복음』을 전문으로 연구하는 프린스턴대학교 일레인 페이젤스(Elaine Pagels) 교수와 이야기하다가 "제가 『도마복음』을 미리 알았더라면 구태여 불자가 되어야 할 필요는 없었을 것입니다"라고 했다는 것이다.

20세기 가톨릭 최고의 신학자 칼 라너(Karl Rahner)도 21세기 그리스도교는 "신비주의적으로 변하지 않으면 아무것도 아닌 것이 될 것"이라고 했다. 여기서 '신비주의적'이라는 말은 물론 깨달음을 강조하는 심층 종교의 태도를 의미한다. 독일의 신학자로 미국 유니언신학교에서 오래 가르친 도로테 죌레(Dorthee Soelle)도 근래에 펴낸 자신의 책『신비와 저항 *The Silent Cry*』[6]에서, 신비주의 체험이 역사적으로 특수한 몇몇 사람에게만 가능한 무엇이 아니라 이제 더욱 많은 사람들에게 일어날 수 있는 일이 되어야 한다고 역설하면서 이른바 '신비주의의 민주화(democratization of mysticism)'를 주장했다. 지금 유럽이나 미국에서 참선이나 명상이 많은 젊은이들 사이에서 크게 주목받는 현상이 이런 흐름을 직접적으로 말해 주는 것이라 볼 수 있을 것이다.

만일 불교와 그리스도교가 이런 의식의 변화를 각각의 종교 생활에서 공통의 목표로 삼고, 가능한 한 많은 불교인과 그리스도교인 사이에서 이런 의식의 변화가 일어나도록 여러 구체적인 방법론을 제시하고 토의하는 진지한 대화에 임한다면, 그리고 이런 토의가 앞으로 더욱 활성화된다면, 이런 의미 있는 대화야말로 두 종교를 위해 더없이 아름다운 열매를 맺을 것이다.

맺는 말

베트남 출신으로 프랑스와 미국에서 활약하고 있는 틱낫한 스님은 예수와 붓다는 '한 형제'요, 그리스도교와 불교는 인류 역사에 핀 '아름다운 두 송이 꽃'이라고 했다.[7] 지금까지 '이웃 종교와 그리스도교 이야기'를 쓴 것도 결국 불교를 비롯한 그리스도교가 서로를 이해하고 협력하는 방향으로 가도록 하는 데 조금이라도 보탬이 될까 하는 염원에서였다. 이 글이 불자들이 그리스도교의 어제와 오늘, 그리고 내일을 가늠하는 데 조금이라도 도움이 되었기를 바란다.

모든 생명체와 마찬가지로 산 종교는 변할 수밖에 없다. 변하지 않는다는 것은 죽었다는 뜻이다. 이런 변화에 저항하느냐 이를 환영하느냐 하는 것이 현재 그리스도교의 사활이 걸린 선택이라 할 수 있을 것이다. 그리스도교가 지금 근본적으로 변하고 있는 것이 사실이고, 이렇게 변하기 시작한 가장 큰 원인 중 하나는 그리스도교가 이웃 종교, 특히 불교와 의미 있게 만나 서로 대화하기 시작했기 때문이라 할 수 있다.

이런 의미에서 한국에 사는 불교인들과 그리스도인들의 역할이 그만큼 더 중요한 의미를 지닌다고 할 수 있을 것이다.

필자는 이 책의 원고를 정리해서 일단 출판사에 넘기고 난 다음, 홀가분한 마음으로 종교간 소통과 화합을 목적으로 세운 비영리단체 '종교너머, 아하!' 회원들과 그리스와 터키로 종교 답사 여행을 다녀왔다. 이 두 나라는 세계 문명의 발상지일 뿐 아니라 그리스도교 초기 역사와 밀접한 관련이 있는 곳이다. 특히 바울이 전도 여행을 다니면서 교회들을 세우고, 뒷날 초기 그리스도교 조직을 갖추는 데 크게 기여한 '편지들(바울 서신)'을 써서 보낸 곳이기도 하다.

11월의 좋은 날씨에 비행기와 버스를 타고 다녀도 이렇게 오랜 시간이 걸리는데, 그 당시 바울은 진리를 전파하겠다는 열정 하나로 그 광활한 벌판과 험준한 산악 지대를 걸어서, 기껏해야 말이나 타고 누볐을 것이다. 바울의 모습을 떠올리자 실로 감개무량했다. 그가 여행했다는 그 길을 버스를 타고 편안하게 가다 보니 미안한 마음까지 들 정도였다.

이번 여행을 하면서 미처 생각지 못한 놀라운 곳도 많이 만났다. 하지만 그 어느 곳보다 바울이 그리스 철학자들과 변론했다는 아테네(성경의 아덴)의 '아레오파구스(성경의 아레오바고)' 언덕과 그가 3년간 머물렀다는 터키 서쪽 기슭의 해안 도시 '에페소(에페수스. 성경의 에베소)'가 특히 인상적이었다. 바울은 기원후 51년 2차 전도 여행을 하던 중 아테네에 잠시 들러 에피쿠로스학파 및 스토아학파 철학자들과 논쟁을 벌인 일이 있었다. 본래 아테네의 여신을 위해 세운 파르테논 신전 아래쪽에 있는 아레오파구스 언덕 위에서였다. 그 바위 언덕에 섰을 때, 이곳이 바울이 명연설을 한 바로 그곳이라 생각하니 필자는 새삼 특별한 감회에 젖어 들었다.

바울은 그곳에서 성경 중에 가장 유명하고 의미 있는 발언을 했다. "아테네 시민 여러분, 내가 보기에 여러분은 모든 면에서 종교심이 많습니다. 내가 다니면서 여러분이 예배하는 대상들을 살펴보는 가운데, '알지 못하는 신에게'라고 새긴 제단도 보았습니다. 그러므로 나는 여러분이 알지 못하고 예배하는 그 대상을 여러분에게 알려 드리겠습니다"라고 운을 뗀 다음, "그 하나님은 우리에게서 멀리 떨어져 계시지 않습니다"라고 소개하고, "우리는 하나님 안에서 살고, 움직이고, 존재하고 있습니다"라고 말했다(『사도행전』 17:15~28). 바울 신학의 요체 중 하나라 할 수 있다.

3차 전도 여행을 하던 기원후 52년에는, 그 당시 소아시아의 수도로서 지중해 연안에 있는 도시들 가운데 이집트의 알렉산드리아 다음으로 큰 도시였던 에페소로 가서 3년 정도 머물렀다. 바울이 에페소에 머물 때 '적지 않은 소동'이 있었다. 에페소는 무엇보다 다산과 풍요의 여신인 아르테미스(성경의 아데미) 숭배의 중심지로, 이 여신을 모신 아르테미스 신전은 고대 7대 불가사의의 하나로 꼽힐 정도로 놀라운 건축물이었다. 그러자 이 신전을 중심으로 여신의 모형을 은으로 만들어 파는 은장색들이 생겨났다. 그들 중 하나가 바울의 복음 전파로 인해 자기들의 직업이 위태로워질 것을 염려해 동업자들과 함께 바울과 그 일행을 공격한 것이다. 공격의 주된 이유는 바울이 "사람의 손으로 만든 것들은 신이 아니다"라고 말했기 때문이라고 했다. 당시 시청 직원이 나와서 무리들을 향해 "신전의 물건을 도둑질하지도 아니하였고 우리 여신을 비방하지도 아니한 이 사람들"(『사도행전』 19:21~41)이라고 변호해 소동은 일단 잠잠해졌다고 한다.

필자가 지금까지 그리스도교 이야기를 이끌어 오면서 하고 싶었던 말도 결국은 이런 것이었다. 바울이 힘주어 말한 것과 같이 신(神)이, 또는 궁극 실재가 "우리들에게서 멀리 떨어져 있지 않다는 것", 그리고 우리가 그 "안에서 살고, 움직이고, 존재한다"는 것, "사람이 만든 것은 신이 아니라는 것" 등이다.

이 글을 쓰면서 가진 일관된 바람은, 그리스도교나 불교 등 이웃 종교들이 저 멀리 떨어져 있는 초월적인 신, 인간과 분리된 신, 인간의 상상력으로 그려지거나 만들어진 신 등을 받드는 '표층 종교'에서, 궁극 실재와 나는 결국 하나라는 것, 내가 그 속에 있고 그가 내 속에 있음을 체험적으로 깨달아야 한다는 것, 그러면서도 남의 종교를 '비방하지 말아야 한다'는 것을 강조하는 심층 종교로 심화되기를 바라는 마음이었다.

—

지금까지 읽어 주신 독자 여러분께 감사드립니다. 부족하지만 이 글이 제가 본래 의도했던 것처럼 여러분에게 조금이라도 도움이 되었으면 하는 마음입니다. 그리스도인이 아닌 분들의 경우 이웃 종교로서 그리스도교를 좀 더 객관적으로 보고, 그리스도인들도 여러분의 대화상대이며 함께 진리를 찾아가는 길벗이 될 수 있다는 사실을 이해하는 기회가 되었으면 합니다. 그리고 그리스도인인 경우에는 그리스도교를 좀 더 역사적으로, 전체적으로 이해하고, 나의 뿌리는 무엇이며 우리는 지금 어디에 와 있는가를 가늠하는 데 도움이 되었으면 하는 바람입니다.

지금까지 동행해 주신 데 대해 다시 한 번 깊이 감사드립니다.

| 주 |

독자들께

1 『길벗들의 대화』는 다섯 번에 걸쳐 개정 증보판으로 나오다가 2012년 김영사에서
대폭 수정해 『종교란 무엇인가』라는 제목으로 출간되었다. 『예수는 없다』는 2001
년 현암사 발간.

들어가면서

1 길희성 외 지음, 한국전통문화연구회 엮음, 『경전으로 본 세계종교』(전통문화연구회,
2001)에서도 '기독교'라는 말 대신에 '그리스도교'라는 말을 사용하고 있다.

2 Paul O. Ingram and Frederick J. Streng, eds., *Buddhist-Christian Dialogue: Mutual
Renewal and Transformation* (University of Hawaii Press, 1986), p. 231. "Christian
theology *is deeply* affected by the encounter with Buddhism……." 그의 책 *Beyond
Dialogue: Toward a Mutual Transformation of Christianity and Buddhism* (Philadelphia:
Fortress Press, 1982)도 참조.

3 서양 사상이 동양 사상에 얼마나 영향을 받았는지를 명쾌하게 보여 주는 책으
로 J. J. Clarke, *Oriental Enlightenment: The Encounter Between Asian and Western
Thought* (London: Routledge, 1997)와 Alexander Lyon Macfie, ed., *Eastern Influences
on Western Philosophy: A Reader* (Edinburgh: Edinburgh University Press, 2003)을 참조.

4 서양에서의 불교 현황을 알려면 최근에 나온 책 Charles S. Prebish and Martin
Baumann ed., *Westward Dharma: Buddhism beyond Asia* (Berkeley: University of
California Press, 2002), James William Colemann, *The New Buddhism: The Western
Transformation of an Ancient Tradition* (Oxford: Oxford University Press, 2001),
Joseph Goldstein, *One Dharma:The Emerging Western Buddhism* (San Francisco:
HarperSanFrancisco, 2002) 등과 한국에서 번역 소개된 프레드릭 르누아르 지음, 양영
란 옮김, 『불교와 서양의 만남』(세종서적, 2002) 참조.

5 최근에 한국어로 번역된 『한스 큉의 이슬람』(손성현 옮김, 시와진실, 2012)에서 한스

큉은 "다른 종교에 대한 기초 연구가 없으면 대화가 있을 수 없다"는 사실을 덧붙였다.

6 물론 어느 종교에도 속하지 않은 일반 독자라면 그리스도교가 도대체 어떤 종교이며, 지금 한국에서 그리스도교가 왜 그렇게 인구에 회자되는가 하는 인문학적 관심으로 이 책을 읽을 수 있을 것이다.

7 이 분류법은 뉴욕 유니온신학대학의 폴 니터 교수가 제안한 것이다. Paul F. Knitter, *Introducing Theologies of Religions* (Maryknoll: Orbis Books, 2002) 참조. 한국어 번역으로 폴 니터 지음, 유정원 옮김, 『종교신학입문』(분도출판사, 2007)이 있다. 이런 용어들의 한국어 번역은 유정원 교수의 번역서에 따랐다.

8 한국에서 기성 교파와 관계없이 자생적으로 생겨난 '기독교대한복음교회'는 이 전통과 다르다.

9 Paul F. Knitter, *Introducing Theologies of Religions* (Maryknoll: Orbis Books, 2002), p. 22.

10 오강남, 『불교, 이웃종교로 읽다』(현암사, 2006), 25쪽.

1부 역사로 보는 그리스도교

1장 그리스도교의 발생

1 메시아는 히브리어고 그리스도는 그리스어인데 둘 다 '기름 부으심을 받은 자'라는 뜻으로, 특히 민족을 구원할 정치 지도자에게 붙여지던 직명(職名)이었다.

2 그리스도교 신약 성경 앞부분을 차지하는 4복음서는 『마태복음』, 『마가복음』, 『누가복음』, 『요한복음』이다. 이중 앞의 세 복음서는 여러 가지로 공통점을 가지고 있어 '공관 복음(共觀福音)'이라 한다.

3 이 부분은 필자의 책 『세계 종교 둘러보기』(현암사, 2013)와 『종교, 심층을 보다』(현암사, 2011)에 나오는 예수 편을 약간 편집해서 다시 실은 것이다.

4 '그리스도인'이라는 말은 수리아 안디옥에서 예수 그리스도를 따르던 사람들에게 비그리스도인들이 붙여 준 일종의 경멸적인 이름이었다. 『사도행전』11장 26절 참조.

5 성경에는 동방 박사 몇 사람이 왔는가에 대한 언급이 없는데, 이렇게 세 가지 선물을 가지고 왔으니 세 사람일 것이라 추측하는 것이다.

6 동방 박사들이 마구간에 누워 있는 아기 예수에게 경배했다는 것은 『마태복음』의 이야기와 『누가복음』에 있는 이야기가 합쳐져서 생긴 것이다.

7 성경에는 40이라는 숫자가 자주 나온다. 40은 산술적으로 꼭 40을 가리키기보다 '많다'는 뜻이기도 하다.

8 '얼나'는 류영모 선생의 표현이다. 지금의 나를 '제나'라고 하고, 제나를 극복하고 참된 깨침을 통해 내 속에서 발견되는 참나, 큰나를 '얼나'라고 했다.

9 『마태복음』은 다른 복음서들과 달리 유대인들을 위한 복음서라 유대인의 종교적 관습에 따라 '하느님'이라는 말을 기피하느라 '하느님의 나라'라는 말 대신 '하늘나라'라는 말을 썼다. 따라서 여기서 말하는 하늘은 물리적 하늘이 아니라 하느님이라는 말과 같다. 그러므로 '하늘나라' 또는 '천국'이라고 했다고 해서 '하늘에 있는 나라'라 오해하면 곤란하다. '나라'라는 말의 히브리어 '말쿠트'나 그리스어 '바실레이아'는 영토를 가리키는 말이기보다 일차적으로 '주권'을 의미하는 말이다. 따라서 '하느님의 나라'에 대한 영역은 'kingdom of God' 대신에 주로 'rule of God,' 'dominion of God,' 'sovereignty of God' 또는 'reign of God'라 한다.

10 『도마복음』3절에서 예수는 "아버지의 나라가 여러분 안에, 그리고 여러분 밖에 있습니다"라고 했다. 물론 『누가복음』17장 21절에도 해석상의 문제가 있기는 하지만, 비슷한 말이 있다. "또 여기 있다 저기 있다고도 못하리니 하나님의 나라는 너희 안에 있느니라."

11 기간은 확실하지 않다. 그의 활동 기간에 1년에 한 번씩 오는 유월절을 두 번 지켰다는 이야기가 나오기 때문에 약 3년으로 본다.

12 이 말을 '바늘구멍'이라는 좁은 문으로 낙타가 지나간다거나, 바늘구멍에 밧줄을 꽂는다는 등 여러 가지로 풀어 보기도 하는데, 이 말의 일차적인 뜻은 낙타와 바늘 그대로라 본다.

13 '믿음'이란 일차적으로 이처럼 궁극적인 힘을 '신뢰'하는 것이라 볼 수 있다. 누구의 말을 무조건 받아들이는 것이 믿음의 주된 뜻은 아니다. 이 문제는 나중에 다룬다.

14 성경에 나오는 인구 숫자는 성인 남자만을 센 것이다. 따라서 5000명을 먹였다는 것은 여자와 아이들을 합하면 적어도 1만 5000명이나 2만 명이라는 뜻일 수 있다. 물론 여기서 정확한 숫자를 아는 것이 중요한 것은 아니다.

15 이를 두고 류영모 선생은 예수가 부자유친(父子有親)의 유교 덕목을 가장 잘 실천한 분이라 보았다.

16 "예수께서 이 모든 것을 무리에게 비유로 말씀하시고 비유가 아니면 아무것도 말씀하지 아니하셨으니." 『마태복음』 13장 34절.

17 노자는 『도덕경』 70장에서 "내 말은 이해하기도 그지없이 쉽고 실행하기도 그지없이 쉬운데, 세상 사람이 도무지 이해하려고 하지 않고 실행하려고도 하지 않는구나……. 나를 이해하는 사람이 이렇게도 드문가" 하고 탄식한다. 공자는 『논어』 「헌문」 편 37절에서 "아, 아무도 나를 이해하지 못하는구나……. 하늘밖에 없구나"라고 했다.

18 유대인들이 세계 각지에 '흩어짐'을 두고 '디아스포라'라고 한다.

19 이렇게 예수가 홀로 기도한 것을 누가 듣고 후대에 전했는가 의문을 제기하는 사람도 있다. 물론 이런 역사적이거나 과학적인 사실을 따지는 것이 종교의 경전을 읽을 때 대하는 올바른 태도라 할 수는 없다.

20 빌라도의 이런 질문에 예수가 대답하지 않았다면 왜 이런 질문을 외면했는가 하는 문제는 필자의 책, 『종교란 무엇인가』(김영사, 2012), 26쪽 이하 참조.

21 예수가 '열성당원(Zealot)'이었을 것이라고 보는 이들이 더러 있다. 최근 미국에서 많이 읽히는 책 Reza Aslan, *Zealot: The Life and Times of Jesus of Nazareth* (Random House, 2013)이 그 대표적인 예라 할 수 있다.

22 1960년대 초에 있었던 제2차 바티칸 공의회에서 비로소 유대인들이 예수의 죽음에 직접적으로 책임이 없음을 공표했다. 제2차 바티칸 공의회에 대해서는 뒤에 나온다.

23 그때 예수의 시신을 쌌던 세마포가 지금 이탈리아 투린에 보관되어 있다고 주장하는 사람들이 있다.

1   바울에 관한 연구로 쉽게 접할 수 있는 책으로는 최근에 나온 김진호, 『리부팅 바울』(삼인, 2013)이나 마커스 J. 보그·존 도미닉 크로산 지음, 김준우 옮김, 『첫 번째 바울의 복음』(한국기독교연구소, 2010)을 들 수 있다.

2   일반적으로 다메섹 도상의 경험을 통해 사울이 바울이 되었다고 생각하지만, '사울'은 히브리식 이름이고 '바울'은 그리스식 이름일 뿐이다. 실제로 사울이라는 이름 대신 바울이라는 이름을 쓴 것은 바울이 초기 유대계 디아스포라 회당을 돌면서 복음을 전파하다가 실패하고, 그 뒤 키프로스(구부로)를 출발점으로 해서 본격적으로 이방인 선교를 시작하면서였다. 『사도행전』 13장 9절 참조.

3   John Dominic Crossan and Jonathan L. Reed, *In Search Of Paul: How Jesus' Apostle Opposed Rome's Empire With God's Kingdom*-A New Vision of Paul's Words World (HarperOne, 2005) 참조.

4   『도마복음』 해설서로 필자의 『또 다른 예수』(예담, 2009)를 참조할 수 있다. 『도마복음』은 '영지', 곧 깨달음을 강조하지만, 예수의 육체를 부정하지 않는 등 영육 이원론에 철저한 '영지주의'와 구별된다. 『도마복음』에 대해서는 뒤에 다시 상세하게 다룬다.

5   일반적으로 '마르시온'으로 발음하는데, 그리스 원발음으로는 '마르키온'이다.

6   유명한 영화 〈쿼바디스Quo Vadis〉(어디로 가시나이까?)는 이때의 박해를 배경으로 만든 영화라고 한다. 로마에 화재가 나고 네로 황제가 화재의 원인이 그리스도인들의 방화 때문이라고 해서 그리스도인들이 박해를 받자 베드로는 이를 피해 도망가다가 로마 교외에 이르렀는데, 예수가 나타났다. 베드로가 "주여, 어디로 가시나이까?" 하고 물으니, 예수는 베드로가 버리고 도망가는 그리스도인들을 찾아 로마로 간다는 대답을 한다. 베드로는 다시 로마로 가서 십자가에 거꾸로 매달려 죽었다고 한다.

7   일반적으로 이 박해가 『요한계시록』의 배경이 되었다고 본다.

8   최상한, 『불국사에서 만난 예수: 그리스도교의 한반도 전래 역사』(돌베개, 2012) 참조.

3장 중세, 동방교회의 분리

1 여기에 관해서는 필자가 엮은 『기도: 영적 삶을 풍요롭게 하는 예수의 기도』(대한기
  독교서회, 2003) 참고.
2 이런 중세의 신비주의자들에 대해서는 오강남, 『종교, 심층을 보다』(현암사, 2011)를
  참고할 수 있다.

4장 개혁, 개신교의 등장

1 영어로는 *The Institutes of the Christian Religion*이라 한다.
2 독일의 종교 사회학자 막스 베버(Max Weber)는 자신의 책 『프로테스탄트 윤리와 자
  본주의 정신』을 통해 칼뱅의 이런 신학 사상이 서양에서 자본주의를 형성하는 데
  결정적인 영향을 주었다고 주장했다.

5장 근대, 근본주의의 등장

1 이와 관련해 Daniel L. Pals, *Eight Theories of Religion* (Oxford University Press, 2005)
  을 참조할 수 있다.
2 이 문제에 대해서는 필자의 책 『예수는 없다』(현암사, 2001), 27쪽. 63~115쪽 참조.
3 더 깊은 이유를 분석한 글로 필자의 논문, 「유교와 기독교의 만남」, 《기독교사
  상》 395호(1991년 11월호), 124~161쪽, 그리고 같은 논문의 영어 버전 "Sagehood
  and Metanoia: The Confucian-Christian Encounter in Korea", *The Journal of the
  American Academy of Religion*, LXI/2, Summer, 1993, pp. 303~320 참조.
4 James H. Grayson, *Korea: A Religious History* (Routledge, 2002) 참조.
5 개신교회에서는 세계 50개의 최대 교회 중 그 절반에 가까운 23개 교회가 한국에
  있다고 주장한다.
6 개신교 주요 교단이 총회를 위해 제출한 보고서에 따르면, 최근 교인 수가 감소하

는 추세라고 한다. 한국기독교목회자협의회가 2013년 5월에 발표한 '한국기독교 분석 리포트'에서도 교회에 나가지 않는 기독교인의 불출석 이유로 '목회자들에 대한 좋지 않은 이미지'(19.6퍼센트), '교인들이 배타적이고 이기적이어서'(17.7퍼센트), '헌금을 강조해서'(17.6퍼센트) 등을 들었다.

6장 20세기, 새로운 신학의 등장

1 Paul Tillich, *Christianity and the Encounter of World Religions* (Fortress, 2006).
2 틸리히에 대한 좀 더 자세한 내용은 오강남, 『종교, 심층을 보다』(현암사, 2011), 249~256쪽 참조.
3 본회퍼에 대한 좀 더 자세한 내용은 위의 책, 241~248쪽 참조.
4 구티에레즈에 대해서는 위의 책, 288~294쪽 참조.
5 폴 니터 지음, 유정원 옮김, 『종교신학입문』(분도출판사, 2007)을 참조할 것.

2부 심층에서 만난 그리스도교

7장 예수의 가르침, 성경

1 『다니엘』, 『에스라』, 『창세기』, 『예레미야』의 일부분에 아람어가 등장한다.
2 '모세 오경'은 주로 네 가지 문헌으로 이루어졌다고 본다. 이른바 J(야훼)문서, E(엘로힘)문서, P(제사)문서, D(신명기)문서. 『창세기』 1장 1절부터는 제사문서, 2장 4절부터는 야훼문서로 본다. 오강남, 『예수는 없다』, 69쪽 이하 참조.
3 Robert W. Funk et al. ed., *The Five Gospels: What Did Jesus Really Say? The Search for the Authentic Words of Jesus* (HarperOne, 1996) 참조. 이 책에서 예수 세미나(Jesus Seminar) 연구팀은 복음서 중 예수 자신이 했으리라는 말과 그렇지 않으리라는 말

을 4등분으로 나누어 다른 색으로 구별하고 있다.

4   2장의 바울 부분 참조.

5   토머스 쿤의 고전적인 책 *The Structure of Scientific Revolution*은 우리말로 여러 번 번역되었는데, 최근에 나온 것으로는 김명자·홍성욱 옮김, 『과학혁명의 구조』(까치글방, 2013)가 있다.

6   켄 윌버의 책 *Up from Eden* (Shambala, 1983)에서는 타락 대신 올라감, 진화했음을 'up'이라고 표현했다. 이 책의 한국말 번역으로 조옥경·윤상일 옮김, 『에덴을 넘어』(한언, 2009)가 있다.

8장 고백의 언어, 더 깊은 의미

1   문자주의의 문제성과 해독에 대해서는 오강남, 『예수는 없다』, 63~115쪽 참조. 기독교와 이슬람의 문자주의 해독을 구체적으로 예시하는 책으로는 Timothy Freke and Peter Gandy, *The Laughing Jesus* (New York: Harmony Books, 2005)를 들 수 있다. 한국말 번역으로 유승종 옮김, 『웃고 있는 예수: 종교의 거짓말과 철학적 지혜』(어문학사, 2009)가 있다.

2   천국이 내 속에 있다는 것을 강조하는 책으로 Jim Marion, *Putting on the Mind of Christ* (Charlottesville: Hampton Roads Pub. Co., 2000)를 들 수 있다. "There is *no other way* except by going *within* to get the Kingdom Jesus preached", p. 3.

3   이 '믿음' 부분은 Marcus J. Borg, *The Heart of Christianity* (HarperOne, 2004)를 참고해서 엮었다.

4   동학(東學)에서는 '삼경(三敬)'이라 해서 경천(敬天), 경인(敬人), 경물(敬物)을 강조한다.

9장 깨달음의 언어, 『도마복음』

1   오강남, 『또 다른 예수』(예담, 2009). 여기서는 이 책에 나온 내용 중 종교간의 대화

에 도움이 되는 것을 발췌 수록했다.

2 오강남, 『불교, 이웃종교로 읽다』(현암사, 2006), 특히 340~355쪽; 「불교와 그리스
   도교, 무엇으로 다시 만날까?」, 『종교란 무엇인가』(김영사, 2012), 321~339쪽; 「불교
   와 기독교의 대화: 깨침과 메타노이아」 참조. 영문으로 보기를 원하면, "Christian-
   Buddhist Encounter" in Robert E. Buswell and Timothy S. Lee, eds., *Christianity in
   Korea* (Honolulu: University of Hawaii Press, 2007), pp. 371~385.

10장 새로운 가능성, 그리스도교의 오늘과 내일

1 미국이 그리스도교 교세가 미미한 유럽 국가들에 비해 '수명, 읽기 능력, 개인 소득,
   교육 수준, 남녀평등, 살인율, 영아 사망률' 그리고 '낙태, 10대 임신, 성병' 등에서
   더 열악한 수치를 보인다. 미국 내에서만 보아도 문자주의 그리스도인이 많은 남부
   나 중서부 주들이 다른 서부나 동북부 주들에 비해 더욱 열악한 사회 문제를 안고
   있다. Sam Harris, *Letter to a Christian Nation* (New York: Alfred A. Knopf, 2006), pp.
   43~44. 이를 더욱 단적으로 말해 주는 책으로는 필 주커먼 지음, 김승욱 옮김, 『신
   없는 사회: 합리적인 개인주의자들이 만드는 현실 속 유토피아』(마음산책, 2012)가
   있다. 이 책은 미국 종교사회학자 주커먼이 덴마크에 가 1년여 머물면서 덴마크와 스
   웨덴 사회를 조사해 본 결과, 현재 미국에서 믿는 그런 신과 관계없이 사는 이들 나
   라가 모든 면에서 미국보다 앞선 나라들이라는 사실을 발견하게 되었다고 알려 준
   다.

2 앞의 통계 숫자는 Josh McDowell, *The Last Christian Generation* (Holiday, Florida:
   Greek Key Books, 2006), pp. 11~30에 나오는 것들이다.

3 최근에 낸 그의 책 *Speaking Christian: Why Christian Words Have Lost Their
   Meaning and Power-And How They Can Be Restored* (HarperOne, 2013)에서 그는 이
   전 패러다임을 고수하는 인습적인 그리스도인들을 'Heaven/Hell Christians(천당/
   지옥 그리스도인)'이라고 부른다.

4 폴 니터 지음, 유정원 옮김, 『종교신학입문』(분도출판사, 2007)을 참조할 것.

5 토머스 머튼은 이 이야기를 문자 그대로 읽을 경우, 세 식구가 천사의 지시를 받고 헤

롯 왕을 피해 이집트에 가서 살 때 이 값진 선물을 팔아 생활비로 충당했을 것이라고 볼 수 있다고 했다.

6 한국말 번역으로 도로테 죌레 지음, 정미현 옮김, 『신비와 저항』(이화여자대학교출판부, 2007)이 있다. 독일어판 *Mystik und Widerstand*, 영문판 *The Silent Cry: Mysticism and Resistance*.

7 그의 책 『살아 계신 붓다 살아 계신 예수』(솔바람, 2013) 참조.

찾아보기